]

GUIDE D'ÉPARGNE ET INVESTISSEMENT

2E ÉDITION – VERSION DÉTAILLÉE

Guide d'épargne et investissement – 2ᵉ édition – Version détaillée

Impression : Amazon Kindle

ISBN : 9798415702268

Dépôt légal – Bibliothèque et Archives nationales du Québec, 2022

Dépôt légal – Bibliothèque et Archives Canada, 2022

Table des matières

Introduction

On nous l'a dit depuis l'enfance : **c'est important d'épargner**. Mais comment épargner et combien épargner? Ce sont des questions fondamentales qu'il est important de se poser le plus tôt possible dans sa vie, pour permettre de maximiser ses gains tout au long de sa carrière.

Il faut donc investir judicieusement le plus tôt possible et continuer d'investir sur une base régulière, en ayant des objectifs en tête. Que ce soit pour des projets à court ou moyen terme (l'achat d'une voiture, un voyage, etc.) ou pour un projet de retraite, anticipée ou non, les montants épargnés, les véhicules, les types et les outils de placement utilisés ont une importance capitale dans l'atteinte des objectifs.

Évidemment, il est d'abord **essentiel de connaître vos revenus mensuels et de contrôler vos dépenses**, d'où l'importance de se faire un **budget**, mis à jour et suivi régulièrement. Différents fichiers Excel déjà montés (avec les différents postes de dépenses possibles) et faciles à utiliser sont disponibles en ligne.

L'endettement est également à éviter autant que possible puisque les taux d'intérêt souvent élevés, des cartes de crédit par exemple, viendront anéantir bien des efforts d'épargne et d'investissement. Une **utilisation judicieuse des cartes de crédit**, comme moyen de paiement seulement, permettra d'éviter des frais importants.

Les statistiques confirment que les investisseurs demandant les services d'un **conseiller financier** obtiennent sur le long terme un meilleur rendement. Mais il est aussi possible d'**investir de façon autonome** grâce à tous les outils qui nous sont offerts aujourd'hui (et d'ainsi éviter les frais à verser à un conseiller financier). Cependant, un élément primordial demeure : il s'agit de bien s'informer. Livres, balados, tutoriels, etc. vous permettront d'en apprendre un peu plus sur le monde de la finance personnelle et de l'investissement.

Les **trucs et suggestions** contenus dans ce livre ne doivent aucunement être considérés comme des conseils financiers, mais plutôt comme des indices, des pistes à analyser pour vos besoins en investissement avec votre conseiller financier ou de façon autonome. Ils viennent soit de mes différentes lectures ou de mon expérience personnelle et peuvent ne pas s'appliquer à votre cas. Cette nouvelle version détaillée inclut de nombreuses suggestions, principalement applicables au Québec et au Canada..

Nous ferons d'abord un survol des trucs pour épargner, se créer un fonds d'urgence et préparer sa retraite. Ensuite, nous comparerons les différents véhicules de placement (REER, CELI, REEE, etc.). Puis, nous explorerons les principaux types de placements (actions boursières, fonds négociés en bourse, fonds communs de placement, obligations boursières, etc.), ainsi que les meilleurs outils de placement pour une rentabilité optimale (un survol des meilleurs robots-conseillers, plateformes de courtage, etc.).

Finalement, on découvrira une liste de livres de référence et de balados (podcasts) pour en apprendre toujours un peu plus sur les finances personnelles et l'investissement. Bonne lecture!

Richard Dion
Février 2022

CHAPITRE 1
Épargne

D'abord qu'est-ce que l'épargne? L'épargne correspond à la **partie du revenu net qui n'est pas consommée.** C'est une action volontaire en vue de réaliser des projets futurs. Comme on nous l'enseigne depuis l'enfance, c'est important de mettre de l'argent de côté et de le faire fructifier. La meilleure façon d'épargner est de rendre l'épargne systématique, par un virement automatique hebdomadaire ou mensuel à un compte d'épargne ou de placement, en fonction de vos capacités financières. Même un petit montant mis de côté régulièrement permettra de cumuler une bonne somme avec le temps, surtout grâce aux effets magiques des intérêts composés.

Les experts suggèrent qu'un **minimum de 10 % de vos revenus nets** soit économisé en tout temps. Cependant, si vous avez des objectifs ambitieux, soit pour une retraite anticipée ou pour une retraite un peu plus confortable, il faudrait être en mesure d'économiser sur une base régulière **au moins 30 %** de vos revenus nets. Puis, il faut débuter le plus tôt possible, dès que vous avez des revenus, puisque le temps jouera en votre faveur.

La première façon d'épargner est de **limiter ses dépenses**. On peut limiter ses dépenses de plusieurs façons, soit **en dépensant de façon intelligente, en achetant à rabais** aussi souvent que possible et **en profitant de programmes de remise en argent**. D'abord, dépenser intelligemment veut simplement dire de se poser la question si on en a vraiment besoin avant d'acheter (voir le livre de **Pierre-Yves McSween**, *En as-tu vraiment besoin?*).

Il est préférable d'acheter à rabais aussi souvent que possible, surtout pour la consommation courante (épicerie, pharmacie, etc.). Et lorsque des produits souvent consommés se vendent à rabais, en acheter une plus grande quantité s'avèrera une décision intelligente, surtout si le produit est rarement à prix spécial. Acheter les produits des marques maison, ainsi que les plus grands formats, sera aussi économique. Grâce à **Reebee**, vous pouvez consulter les circulaires en ligne de tous vos magasins et marques préférés, sans avoir à naviguer de site en site.

Finalement, si vous n'avez plus besoin de certains objets, meubles ou équipements, dites-vous que tout peut se vendre. Des sites comme **Kijiji**, **Marketplace**, **eBay**, **LesPAC** et plusieurs autres permettent de trouver des acheteurs pour tout ce qui traîne à la maison, particulièrement pour l'équipement électronique, le matériel informatique et le mobilier. Livres, jeux vidéo, DVD, CD et vinyles peuvent aussi capter l'intérêt de collectionneurs, même si leur valeur a grandement diminué avec l'expansion des services en ligne. Les mêmes sites peuvent être consultés pour acheter des objets usagés qui vous permettront de grandes économies par rapport à du neuf.

RÉDUCTION DU GASPILLAGE ALIMENTAIRE

Vous pouvez participer à des programmes visant à réduire le gaspillage alimentaire, qui vous feront en plus économiser. Ces services vous proposent des produits alimentaires qui seront bientôt périmés à un prix réduit.

FoodHero

Il y a d'abord **FoodHero** qui est disponible dans les **IGA** et certains **Métro**. FoodHero vous offre des surplus qui ont été congelés à l'approche de leur date de péremption et qui vous sont proposés avec un rabais allant jusqu'à 60 %. Téléchargez l'application mobile à https://foodhero.app.link et utilisez mon code d'invitation pour recevoir des crédits : **richardd21**.

Flashfood®

Chez **Provigo** et **Maxi**, c'est **Flashfood** qui permet de vendre des produits alimentaires bientôt périmés à un prix réduit pouvant aller jusqu'à 50 % du prix courant. Le service Flashfood est offert dans plus de 500 magasins, ce qui a permis d'éliminer plus de 5 millions de kilogrammes de gaspillage alimentaire en 2020.

 Too Good To Go

Too Good To Go est une compagnie danoise qui offre maintenant ses services à Montréal. Too Good To Go permet de sauver des invendus alimentaires à un prix avantageux chez vos commerçants locaux.

PROGRAMMES DE RÉCOMPENSES

Une autre bonne façon d'épargner est de ne pas hésiter à profiter des programmes de récompenses offerts dans les grands magasins où vous allez sur une base régulière. Les points ainsi cumulés vous permettront d'obtenir une remise en argent par la suite qui peut s'avérer très intéressante si vous fréquentez toujours les mêmes établissements. Évidemment, les commerces participants doivent déjà faire partie de votre routine, parce que si vous faites des détours pour obtenir plus de points, vous verrez vos économies anéanties par l'essence consommée.

metro&moi

D'abord, le programme **Métro & Moi** permet de recevoir un chèque de remise tous les 3 mois en fonction des points cumulés (125 points = 1 $ de récompense). 1 $ d'achat donne 1 point, et plusieurs promotions et coupons personnalisés permettent régulièrement d'obtenir des points additionnels. Si **Métro** est votre endroit de prédilection pour l'épicerie, que ce soit en magasin ou en ligne, la remise pourrait être importante et abaisser votre facture. Selon le magazine Protégez-Vous, il faut dépenser 4 743 $ chez Métro pour se mériter une récompense de 100 $.

optimum

Dans le même ordre d'idée, il y a le programme **PC Optimum** qui est offert dans les bannières **Loblaws**, **Provigo**, **Maxi**, **Pharmaprix** (15 points pour 1 $ d'achat), et même chez **Esso** (10 points le litre d'essence et pour 1 $ d'achat admissible). Chaque tranche de 10 000·

points équivaut à 10 $ en récompenses gratuites. Une carte de crédit Mastercard peut également vous permettre d'accumuler des points PC Optimum pour tous vos achats, peu importe le commerce. Selon Protégez-Vous, il faut dépenser 2 828 $ auprès des marchands participants pour obtenir une récompense de 100 $.

Familiprix a aussi son programme de récompenses, **Familiplus**. Chaque dollar d'achat donne 1 point et 1 000 points donnent 10 $ de récompense. Des offres personnalisées permettent d'obtenir des points plus rapidement. Il faut dépenser 10 000 $ chez Familiprix pour obtenir une récompense de 100 $.

AIR MILES.

Au Canada depuis 1992, **Air Miles** est le programme de fidélisation le plus reconnu au pays et compte plus de 100 partenaires. Oubliez le rêve du voyage, mais avec aussi peu que 95 milles Air Miles, vous obtenez 10 $ de remise chez **Jean Coutu**, **IGA**, **Shell**, etc. Plusieurs cartes de crédit (Mastercard et American Express) permettent également d'accumuler des milles Air Miles pour l'ensemble de vos achats, peu importe le commerce. Vous obtiendrez 1 mille Air Miles pour chaque tranche de 20 $ dépensés. Selon Protégez-Vous, il faut dépenser 9 637 $ chez les marchands participants pour se mériter une récompense de 100 $.

Un autre programme, **Coinmiles**, vous permet d'obtenir des **Bitcoins** (sats)

pour vos achats dans de nombreuses boutiques en ligne et pour certains achats locaux. Téléchargez l'application avec mon lien (https://coinmiles.onelink.me/90Pp/d4a e8fb9) et nous recevrons tous les deux une récompense de 10 000 sats après votre premier achat éligible dans un délai de 120 jours.

Autres programmes de récompenses :

- Aéroplan (**Air Canada** et plusieurs partenaires)
- Beauty Insider (**Sephora**)
- Câlin (**Mondou**)
- Cercle des **3 Brasseurs**
- Club Cage (**La Cage – Brasserie sportive**)
- Dollars CAA (**CAA Québec, Couche-Tard**, etc.)
- FidéliTim (**Tim Hortons**)
- Grands Buveurs (**David's Tea**)
- Inspire (**SAQ**)
- Les Simons (**Simons**)
- Ma Carte **Uniprix**
- Milliplein (**EKO**)
- Perfect Fit (**Moores**)
- Petro-Points (**Petro-Canada**)
- Primes **La Baie d'Hudson**
- Privilège Avril (**Avril Supermarché Santé**)
- Proxi Extra (**Esso**, **Harnois**, **Petro-T**)
- Récompenses **Irving**
- Récompenses Journie (**Ultramar**)
- Récompenses **Starbucks**
- Récompenses Triangle (**Canadian Tire**)
- Récompenses **Walmart**
- Scène (**Cinéplex**)

CARTES DE CRÉDIT AVEC REMISES EN ARGENT

La plupart des grandes banques offrent des cartes de crédit avec remises en argent. Si elles sont utilisées intelligemment (moins de 30 % de la limite) et que le solde est payé en entier à chaque mois avant l'échéance, ces cartes vous permettront d'obtenir des remises en argent qui pourraient devenir intéressantes, tout en améliorant votre cote de crédit.

Il y a aussi des cartes de crédit prépayées qui offrent des remises, notamment **KOHO** qui propose des remises de 0,5 à 2 % selon le programme choisi, en plus de bonis selon les marchands, vos références et diverses promotions, pour un total pouvant atteindre 12,5 % de remise. Inscrivez-vous avec ce lien pour qu'on obtienne 20 $ chacun une fois que vous aurez fait votre premier achat : https://web.koho.ca/referral/IACQLBM 2 (ou utilisez le code de référencement **IACQLBM2** lors de votre inscription).

UTILISATION DU TÉLÉPHONE INTELLIGENT

Si vous craignez d'avoir trop de cartes à transporter avec les différents programmes de fidélité offerts, vous trouverez plusieurs applications permettant de regrouper la plupart de vos cartes et programmes sur votre téléphone cellulaire : **Stocard**, **FidMe**, etc.

De plus, les programmes présentés précédemment disposent de leur propre application, donc ce n'est plus nécessaire de transporter toutes ces cartes de récompenses.

Finalement, vous pouvez même payer sans contact avec votre téléphone intelligent, grâce à **Google Pay**, **Apple Pay** et **Samsung Pay** par exemple. Ces applications permettent en plus de stocker des programmes de récompenses, cartes-cadeaux, etc.

KOHO   Premium KOHO

FONDS D'URGENCE

En plus de l'épargne de base, il est aussi important de se bâtir un fonds d'urgence pour palier à différents imprévus (bris de voiture, électroménager à remplacer, perte d'un téléphone cellulaire, etc.) ou pour combler vos dépenses courantes en cas de perte d'emploi temporaire. Le fonds d'urgence suggéré doit couvrir de **3 à 6 mois de dépenses courantes**. Par exemple, si vos dépenses totalisent environ 3 000 $ par mois, il vous faudrait un fonds d'urgence entre 9 000 $ et 18 000 $. Par ailleurs le fonds d'urgence doit être dans un compte accessible rapidement sans pénalités, donc éviter le REER ou un placement à échéance fixe.

Comme point de départ d'un fonds d'urgence, on peut considérer le compte bancaire courant. Même si un tel compte donne un taux d'intérêt près de 0 %, la plupart des comptes proposent d'éviter les frais de transaction **si un montant minimum est conservé au compte**. Par exemple, un compte opérations chez Desjardins avec des frais mensuels de 8,95 $ pour 30 transactions permet d'éviter les frais si un montant de 2 500 $ est conservé au compte. Plusieurs diront que ces 2 500 $ sont de l'argent qui dort, qui ne rapporte rien. Cependant, 8,95 $ économisé chaque mois (107,40 $ par année) sur une somme de 2 500 $ **équivaut à un taux de rendement annuel de 4,3 %**, ce qui est largement supérieur à tout compte bancaire, et même aux certificats de placement garantis (CPG). En plus, cet argent demeure disponible et accessible en tout temps, idéal pour répondre à une urgence (c'est comme si vous vous faisiez un prêt à vous-mêmes au frais de 8,95 $ par mois, jusqu'à ce que vous remettiez la somme minimale de 2 500 $). Bien sûr, si vous bénéficiez d'un compte bancaire sans frais, il est impossible de profiter de cet avantage et il est donc inutile d'y laisser dormir des sommes importantes.

Une autre façon d'augmenter son fonds d'urgence est de placer une certaine somme, disons 2 500 $, dans un **compte CELI à votre institution bancaire**. Selon l'institution, le taux d'intérêt peut varier de 0,1 à 0,3 % environ, ce qui est bien peu, mais cet argent demeure très accessible et facile à transférer à votre compte courant. Il y a aussi **Épargne Placements Québec** qui propose un compte CELI (**Épargne Flexi-Plus**) dont le taux varie de 0,4 à 0,6 % environ, ainsi que des **obligations d'épargne** émises 2 fois par année et rachetables en tout temps au taux de rendement de 0,8 à 1 % environ. Ces produits d'Épargne Placements Québec demeurent disponibles et transférables à votre compte bancaire en 24 heures.

Ces premiers 5 000 $, même s'ils ne profiteront pas d'un taux de rendement très élevé, constituent un bon point de départ pour un fonds d'urgence, avec des fonds accessibles rapidement en cas de besoin. Le reste du fonds d'urgence devrait plutôt être placé à un meilleur taux de rendement (voir les différents types de placements et outils possibles aux chapitres suivants). Cependant, il faudrait toujours **privilégier un compte CELI pour le fonds d'urgence** plutôt que le REER, puisque les fonds d'un CELI peuvent être retirés en tout temps sans pénalités (non imposables) et que les sommes retirées s'ajoutent à la limite de cotisation de l'année suivante. Vous obtiendrez plus de détails sur les différents véhicules de placement au prochain chapitre.

RETRAITE

L'autre partie de l'épargne qu'on devrait toujours avoir en tête est pour du plus long terme, soit **10 ans et plus** ou pour la retraite. Il faut donc s'assurer d'effectuer des placements sûrs à long terme et qui obtiendront de bons rendements, peu importe les soubresauts des marchés boursiers. Les placements devraient toujours être faits en fonction de son niveau de tolérance au risque, mais plus on est jeune, plus on peut se permettre de risque puisque le temps jouera en notre faveur. Il s'agit simplement ensuite d'ajuster nos placements en fonction de l'évolution de notre tolérance au risque.

Il est important de commencer le plus tôt possible à épargner pour le long terme et ainsi **profiter de l'effet des intérêts composés** (l'argent que fait l'argent fait lui aussi de l'argent). L'effet boule de neige ainsi créé fera en sorte que votre épargne du début de la vingtaine aura des rendements exponentiels au cours de votre carrière, et ce sans efforts.

Dans son livre *Liberté 45*, **Pierre-Yves McSween** parle du **Plan VEI** qu'il faut mettre en place le plus tôt possible dans sa vie de jeune adulte pour espérer atteindre la liberté financière aussi tôt qu'à 45 ans. Rien n'empêche d'appliquer le plan plus tard dans votre vie, mais vous devrez planifier une retraite à un âge plus avancé puisque vous aurez moins de temps pour faire fructifier votre épargne. Voici les 3 règles du Plan VEI :

1. Fais augmenter ta **VALEUR**

2. **ÉPARGNE** massivement

3. **INVESTIS** intelligemment

Pour atteindre le Plan VEI, on doit d'abord développer son potentiel pour se démarquer sur le marché du travail et obtenir rapidement une rémunération élevée (**valeur**). Ensuite, il faut **épargner** au moins 20 % de son revenu brut (jusqu'à 50 % si c'est possible). Finalement, il faut utiliser différents moyens pour faire croître son patrimoine (**investissement**) en évitant les pièges qui pourraient ruiner les efforts d'épargne.

Bien entendu, il est important d'établir **un plan pour sa retraite** en fonction de l'âge où l'on veut prendre sa retraite, le revenu désiré à la retraite, son espérance de vie, sa situation familiale, l'héritage que l'on veut laisser (à son décès ou avant), etc. On peut bien sûr en discuter avec son conseiller financier pour arriver à un plan de retraite réalisable, mais des outils sont aussi disponibles pour calculer l'épargne nécessaire pour arriver à atteindre nos objectifs de retraite.

Le **Gouvernement du Québec** et la plupart des grandes banques offrent des outils de calcul pour nous aider dans la planification de la retraite. On peut aussi compter sur **Hardbacon** (https://hardbacon.ca/fr/calculatrice/) qui propose plusieurs **calculatrices de planification financière** (planification de la retraite, valeur nette, épargne CELI, épargne REER, indépendance financière, décaissement pour la retraite, etc.) et **calculatrices d'investissement** (rendement du capital investi, plan d'investissement automatique, frais d'investissement, etc.).

Même si la situation de chacun peut être différente et doit être analysée attentivement, disons que le **REER** est généralement un excellent véhicule de placement pour son plan de retraite. Son principal avantage est de reporter l'impôt à payer au moment de la retraite, alors que le revenu imposable sera moins élevé. Le REER permet aussi d'obtenir un remboursement d'impôt l'année suivant la cotisation, un montant qui peut être réinvesti et fructifier rapidement. Le **CELI** a aussi ses avantages dans un plan de retraite puisque tous les gains qui y sont réalisés ne seront jamais imposables, même à la retraite. Vous obtiendrez plus de détails sur les véhicules de placement au chapitre suivant.

À noter que pour atteindre ses objectifs avant la retraite, il est intelligent de **rendre une partie de l'épargne systématique** par des virements de fonds automatiques, ce qui permettra d'avoir une somme minimale d'épargne annuelle déjà en place pour la retraite. Rien n'empêche toutefois d'y ajouter des sommes par la suite quand c'est possible pour faire croître plus rapidement son épargne, notamment en ajoutant des sommes à son compte REER qui permettraient de réduire son revenu imposable et d'ainsi augmenter son remboursement d'impôt (qui pourra ensuite être réinvesti).

Une fois que le plan de retraite est bien établi, que l'épargne est systématisée, que les outils de placement ont été déterminés et que les types de placements (produits financiers) ont été choisis minutieusement, **il ne reste plus qu'à être patient**. L'argent travaillera pour nous et pour notre retraite sans trop d'efforts.

Le principal défi de l'investissement à long terme est de ne pas se laisser influencer en cours de route par les fluctuations des marchés, ne pas laisser ses émotions prendre le dessus et vendre certains avoirs au mauvais moment. Parce que s'il est vrai que des fluctuations ont lieu à court terme sur les marchés, historiquement, **plus la période d'investissement est longue et plus la courbe des rendements est positive** et même exponentielle, grâce à l'effet des intérêts composés.

Jours   Années   Décennies

Une étude de **Fidelity** citée dans les livres *Les millionnaires ne sont pas ceux que vous croyez* et *De zéro à millionnaire* de **Nicolas Bérubé** confirme qu'il est préférable de ne pas se préoccuper de ses placements à long terme :

« Les dirigeants de la firme voulaient savoir lesquels parmi leurs millions de clients avaient obtenu les meilleurs rendements à long terme pour ce qui est de la croissance de leurs placements. Résultat : les clients qui avaient obtenu les meilleurs rendements étaient ceux qui avaient oublié qu'ils possédaient un compte chez Fidelity. »

CHAPITRE 2
Véhicules de placement

Plusieurs véhicules de placement peuvent être utilisés et ils ont tous leurs avantages et leurs inconvénients. Chacun de ces véhicules peut contenir différents types de placements, décrits au prochain chapitre. On peut posséder **plusieurs comptes** pour un même véhicule de placement, mais il faut s'assurer de **ne pas dépasser les limites de cotisation annuelles**, sous peine de pénalités.

Selon moi, il faut privilégier les véhicules qui bénéficient d'une subvention gouvernementale, comme le REEE et les REER+ des Fonds de travailleurs. Ces véhicules nous donnent un montant additionnel gratuit qui permet d'augmenter facilement son capital investi. Ne jamais refuser de l'argent gratuit qu'il est possible de faire fructifier ensuite!

REER

Un REER (**Régime enregistré d'épargne retraite**) est un véhicule de placement qui permet de mettre de l'argent à l'abri de l'impôt en réduisant votre revenu imposable. Par exemple : si vous gagnez 50 000 $ et placez 5 000 $ dans un compte REER, vous serez imposé sur un revenu de 45 000 $. Il existe une multitude de placements que vous pouvez choisir pour votre REER qui génèreront plus ou moins de rendement, dépendant du risque. Le rendement généré n'est pas imposable tant que l'argent demeure dans un compte REER. Vous pouvez cotiser à votre REER jusqu'au 31 décembre de l'année où vous atteignez 71 ans.

Limite de cotisation : De façon générale, la cotisation maximale à votre REER est le plus petit de ces deux montants : soit **29 210 $** (plafond de cotisation fixé pour 2022), soit **18 % du revenu que vous avez gagné l'année précédente**. Néanmoins, plusieurs facteurs peuvent faire varier ce plafond. Les cotisations non utilisées lors des années précédentes sont cumulatives. Voir votre dossier de l'Agence de revenu du Canada (ARC) pour vos cotisations disponibles pour l'année en cours. La limite de cotisation pour une année s'étend aux deux premiers mois de l'année suivante. Le plafond de cotisation devrait passer à 30 780 $ en 2023.

Avantages : Économie d'impôt lors de la contribution, ce qui peut permettre de réinvestir son retour d'impôt additionnel et d'ainsi augmenter son capital investi. Possibilité d'en retirer une partie sans pénalité pour l'achat d'une première maison (**Régime d'accession à la propriété ou RAP**) ou un retour aux études (**Régime d'encouragement à l'éducation permanente ou REEP**).

Inconvénients : À part dans le cas d'un RAP, le REER est imposable dès que des sommes y sont retirées. Il est donc préférable d'attendre à la retraite pour les décaisser, soit au moment où les revenus seront moins élevés. Les sommes d'un REER sont donc moins disponibles que pour d'autres véhicules de placement comme le CELI.

Suggestion : Les actions et FNB à dividendes de sociétés américaines devraient être investis dans un compte REER plutôt qu'un CELI ou un REEE, puisque le REER est **reconnu par les autorités fiscales américaines** et n'est pas assujetti à une retenue fiscale.

CELI

Le CELI (**Compte d'épargne libre d'impôt**) peut aussi être composé de plusieurs types de placements. Il est donc faux de croire que le rendement sera toujours faible. Ce rendement est tributaire du placement choisi. Cet argent n'est pas déductible d'impôt comme le REER, et ne sera donc pas déduit de votre revenu imposable. Cependant, le rendement généré ne sera pas imposé et, lorsque vous déciderez de retirer l'argent, il ne sera pas imposé non plus.

Limite de cotisation : En 2022, le plafond de cotisation au CELI est de **6 000 $** auquel s'ajoutent vos retraits effectués en 2021 et vos droits de cotisation inutilisés des années précédentes. Si vous aviez 18 ans ou plus en 2009, que vous êtes un résident canadien et que vous n'avez jamais cotisé à un CELI, le total de vos droits de cotisation est de **81 500 $** en 2022. Le plafond de cotisation devrait passer à 6 500 $ en 2023.

Avantages : Argent disponible en tout temps sans pénalités et non imposable, donc **idéal pour un fonds d'urgence** (sauf dans un CPG ou tout autre placement à terme). Tous les revenus de placement obtenus à l'intérieur du CELI sont libres d'impôt, donc le CELI est un **excellent véhicule pour les placements à haut rendement**.

Inconvénients : Les pertes en capital à l'intérieur d'un CELI ne sont pas déductibles d'impôt, donc on devrait éviter les placements très risqués ou spéculatifs. Malgré son accessibilité, il est interdit de faire du *day trading* (courtage à la journée) à l'intérieur d'un CELI, donc le Gouvernement pourrait enquêter sur votre cas si ça devient pour vous une source de revenu importante (les critères exacts demeurent toutefois un peu flous, tant en nombre de transactions qu'en montants transigés). Les actions et FNB à dividendes de sociétés américaines sont assujettis à une retenue fiscale de 15 % à l'intérieur d'un CELI, puisque le CELI canadien n'est pas reconnu par les autorités fiscales américaines.

Suggestion : En plus d'un fonds d'urgence, utiliser le CELI avec des placements sûrs à haut rendement pour augmenter l'argent disponible non imposable à la retraite.

REEE

Le REEE (**Régime enregistré d'épargnes études**) vise à amasser de l'argent pour assurer l'éducation postsecondaire des enfants. L'avantage réside dans le fait que le gouvernement fédéral bonifie de 20 % la somme que vous investissez et de 10 % pour le provincial, pour un total de **30 % qui s'ajoute à la somme investie**. Autrement dit, si vous versez 1 000 $, Québec et Ottawa bonifieront cette somme de 300 $ pour un total investi de 1 300 $. La subvention de 30 % est versée jusqu'à concurrence d'une **contribution de 2 500 $ par année**, par enfant, donc **750 $ par année de subvention**. On peut y cotiser jusqu'à ce que le bénéficiaire atteigne l'âge de 17 ans. Il est aussi possible de récupérer des subventions antérieures non reçues lorsque la contribution est augmentée jusqu'à 5 000 $ par enfant.

Avantages : Un maximum de **750 $ offerts** par les gouvernements pour une contribution de 2 500 $ par année, pour un total investi de 3 250 $ par année. Épargne à l'abri de l'impôt et différents types de placements possibles. Pendant ses études postsecondaires, votre enfant reçoit graduellement les **paiements d'aide aux études** (PAE) pour l'aider à subvenir à ses besoins. Le capital investi appartient toujours au souscripteur, qui peut le remettre à l'enfant ou le reprendre. Cet argent peut être retiré sans impôt, mais plus il est retiré tard, plus il rapporte.

Inconvénients : Les subventions gouvernementales et revenus générés sur les placements sont imposables pour votre enfant, mais souvent à un taux presque nul compte tenu de ses revenus modestes.

Suggestion : Puisqu'un maximum de 750 $ est offert par les gouvernements, il est intéressant d'en profiter pour augmenter la somme investie chaque année. Ne jamais refuser de l'argent gratuit!

AUTRES VÉHICULES DE PLACEMENT

FERR (Fonds enregistré de revenu de retraite)

Lorsque vous décidez de prendre votre retraite, votre REER, véhicule par lequel vous avez accumulé de l'argent, doit être converti en FERR, qui est le véhicule qui vous permettra de retirer cet argent. Le FERR vous permet de retirer un revenu de retraite, de choisir la fréquence de vos versements et le montant que vous désirez sous réserve du retrait minimum exigé par les lois fiscales. Le retrait minimal FERR est établi en fonction de votre âge ou de l'âge de votre conjoint et d'un pourcentage de la valeur du FERR. Vous devez convertir votre REER en FERR au plus tard le 31 décembre de l'année de votre 71e anniversaire.

Avantages : Vos revenus de placements continuent à augmenter à l'abri de l'impôt jusqu'à leur retrait. Souplesse dans les options de placement et de retrait.

Inconvénients : Un retrait minimum est exigé par les lois fiscales. Les sommes reçues d'un FERR s'ajoutent à vos revenus imposables. L'excédent du retrait minimum est assujetti à des retenues à la source.

CRI (Compte de retraite immobilisé)

Comme le REER, le CRI est un véhicule qui accumule des sommes à l'abri de l'impôt. Les sommes pouvant être transférées dans ce compte proviennent du régime de retraite qu'un participant détenait auprès d'un ex-employeur.

Avantages : Capital investi à l'abri de l'impôt.

Inconvénients : Aucune cotisation supplémentaire autorisée. Aucun retrait permis avant la retraite, sauf dans certaines circonstances exceptionnelles.

FRV (Fonds de revenu viager)

Le FRV est au CRI ce que le FERR est au REER. C'est donc le véhicule qui accueille les sommes contenues dans un CRI afin de débuter le versement de revenu.

Avantages : Permet de recevoir des revenus de retraite chaque année. Retraits périodiques au besoin à l'intérieur des limites minimale et maximale fixées par les lois. Retraits forfaitaires autorisés (sous réserve du maximum annuel).

Inconvénients : Limites de retrait minimale et maximale fixées par les lois.

RAP (Régime d'accession à la propriété)

Utilisez votre REER (maximum 35 000 $) pour acheter votre première maison. Chaque année, il faut remettre au REER au minimum 1/15 du montant retiré pour le RAP. Vous bénéficiez toutefois d'un délai de 2 à 3 ans pour faire le premier remboursement (selon la date du RAP).

REEP (Régime d'encouragement à l'éducation permanente)

Votre REER finance vos études. Le REEP vous permet de retirer jusqu'à 20 000 $ (maximum de 10 000 $ par année) de votre REER sur une période de quatre ans pour financer un retour aux études (pour vous, votre époux ou votre conjoint de fait). Le début de la période de remboursement est déterminé si les conditions d'admissibilité comme étudiant à temps plein pendant au moins trois mois sont rencontrées. Donc, le remboursement peut débuter entre 2 et 5 ans après le REEP selon la situation de l'étudiant. Le montant à rembourser chaque année représente 1/10 du montant retiré du REER à titre de REEP, sinon le montant non remboursé devient imposable.

REEI (Régime enregistré d'épargne invalidité)

Bâtissez un avenir pour une personne handicapée. Vous pouvez cotiser à un REEI jusqu'à la fin de l'année où le bénéficiaire atteint 59 ans. Il n'y a aucune limite de cotisation annuelle, mais le maximum de cotisation à vie est de 200 000 $. L'argent inclus dans le REEI appartient au bénéficiaire et les sommes retirées d'un REEI n'affectent pas les sommes reçues par d'autres programmes d'aide.

RRI (Régime de retraite individuel) : Pour les propriétaires d'entreprise et les hauts salariés. Cet outil est souvent plus avantageux que le REER si vous avez plus de 40 ans et gagnez plus de 75 000 $ annuellement. Il permet des cotisations supérieures au maximum autorisé dans le REER, ce qui permet d'accumuler plus d'argent pour sa retraite. Il s'agit d'un régime de retraite à prestations déterminées conçu pour une seule personne.

CHAPITRE 3
Types de placements

Plusieurs types de placements existent, tous offrant **un niveau de risque et un taux de rendement variables**. Il est donc primordial de **bien connaître sa tolérance au risque** avant de décider vers quels types de placements se diriger en priorité.

En général, il est recommandé de prendre plus de risques lorsqu'on est jeune et de diminuer ce niveau de risque lorsque la retraite approche. Par exemple, dans la vingtaine, on peut aisément aller vers un portefeuille 100 % actions et même faire un peu de spéculation, si ça cadre avec notre tolérance au risque, puisqu'en cas de pertes en capital il reste encore des décennies pour que notre portefeuille revienne à un niveau de rentabilité suffisant pour une belle retraite. Un portefeuille 90 % actions et 10 % revenu fixe, ou 80-20 sera souvent très approprié à ceux qui ont une bonne tolérance au risque et encore de nombreuses années avant leur retraite.

Lorsque la retraite approche, on peut réajuster notre portefeuille à 60-40, puis à 40 % actions et 60 % revenu fixe dans les dernières années avant la retraite. Ainsi, une chute brusque des marchés boursiers dans les mois précédant la retraite aura moins d'impact et n'affectera pas aussi négativement les plans de retraite.

ACTIONS BOURSIÈRES

Les actions sont des titres qui représentent **une part de propriété dans une société cotée en bourse**. L'achat d'actions fait de vous un actionnaire et vous donne une propriété proportionnelle dans la société par actions. Les actionnaires peuvent tirer parti de la vente d'actions dont la valeur s'est appréciée (gains en capital) et de la perception de dividendes périodiques. Les dividendes sont versés lorsque la société dispose de liquidités qui ne sont pas réinvesties dans ses activités. Certaines actions offrent des versements plus élevés que d'autres.

Il est suggéré de conserver ses actions lorsqu'elles sont en baisse, et même d'en racheter pour augmenter sa position et baisser son prix moyen. Les meilleures actions devraient toujours être conservées sur le long terme puisqu'elles prennent historiquement de la valeur avec le temps. Par exemple, l'indice **S&P 500** aux États-Unis a un **rendement annuel moyen de 10,5 %** depuis 65 ans. Quant au **TSX** au Canada, il obtient un **rendement annuel moyen de 9,3 %** entre 1960 et 2020. Évidemment, il y a des années record comme 2021 à plus de 20 % et des années creuses (ex. 2008), mais on compte beaucoup plus d'années positives que d'années négatives au cours de l'histoire.

Si on désire vendre nos actions, on devrait toujours se fixer un prix de vente à un bon taux de rendement. Il ne faut pas oublier qu'on ne fait ni gain ni perte tant et aussi longtemps qu'on possède l'action, peu importe l'évolution du marché boursier. La règle #1 du légendaire **Warren Buffett** est de ne jamais perdre d'argent, donc dans un marché baissier, il est toujours préférable d'attendre que ça remonte avant de vendre. La patience est de mise et il faut contrôler ses émotions.

Il est important de diversifier son portefeuille d'actions, **par industrie et par secteur géographique**. Il est possible d'acheter un portefeuille tout-en-un qui est déjà diversifié et ainsi éviter tout tracas, mais si vous voulez sélectionner vos actions à l'unité, voici quelques règles de diversification.

D'abord, il faut déterminer votre tolérance au risque et établir les **proportions souhaitées d'actions de croissance, d'actions de valeur et d'actions à revenu**, le tout dans différentes industries. Ensuite, considérer une bonne répartition géographique, par exemple **30 % Canada, 40 % États-Unis et 30 % International** (sans oublier une portion d'actions de pays émergents).

Un portefeuille d'actions devrait contenir **au moins 8 titres**, mais une diversification optimale pour réduire le risque sans nuire au rendement compterait **entre 20 et 30 titres** selon plusieurs experts. Toutefois, une diversification dans plus de 30 titres n'aurait plus aucun effet sur la diminution du risque et pourrait même nuire au rendement (surdiversification).

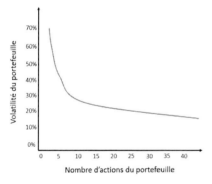

Avantages : Les actions sont faciles à acheter et à vendre, soit par votre conseiller financier ou de façon autonome sur différentes plateformes de courtage. Elles permettent de tirer parti des entreprises en croissance. Elles peuvent aussi permettre de recevoir des dividendes. Le marché des actions est historiquement à la hausse, donc il offre de bons rendements sur le long terme malgré des soubresauts fréquents.

Inconvénients : Quand il s'agit d'investir dans des actions, il faut savoir que tout peut arriver et que rien n'est garanti. De nombreux facteurs peuvent influer sur le cours d'une action, notamment les communiqués de presse, les changements à la direction, les fusions d'entreprises, et même une pandémie mondiale. Pour cette raison, vous devriez être à l'aise avec la volatilité des marchés et avec le fait de voir vos placements augmenter ou diminuer sur de courtes périodes. Il est important de comprendre les risques et d'avoir des objectifs clairs quant à ce qu'on veut obtenir de nos placements. On dit qu'on devrait « acheter la rumeur » et « vendre la nouvelle », dans le sens que lorsqu'une nouvelle sort concernant une entreprise, il est souvent trop tard pour acheter ses actions dont le prix est probablement déjà trop élevé. Finalement, il faut considérer que lors de baisses importantes de la valeur de l'action, le gain nécessaire pour récupérer ses pertes est de plus en plus important selon la perte :

Pertes	Gains nécessaires pour compenser
10%	11%
20%	25%
30%	43%
40%	67%
50%	100%
60%	150%
70%	233%
80%	400%
90%	900%

Suggestion : Si vous désirez répartir vos actions entre un compte CELI et un compte REER, un bon truc en fonction des caractéristiques de chaque véhicule serait d'utiliser le CELI pour les titres de croissance (pour faire grandir le compte rapidement puisqu'il ne sera jamais imposable) et le REER pour les titres de valeur ou à revenu (pour un rendement constant sur le long terme). Les titres plus spéculatifs devraient plutôt être achetés dans un compte non enregistré puisque les pertes en capital sont alors déductibles d'impôt.

Pour suivre les marchés boursiers et obtenir de nombreuses informations sur les actions et fonds négociés en bourse (FNB), un des meilleurs sites est celui de **Yahoo! Finance**, ainsi que son application mobile. Aussi, vous pouvez obtenir les données boursières directement dans une feuille de calculs Excel, ce qui vous permet de créer un fichier de suivi de vos actions, de conserver à jour la valeur de vos actions et de calculer automatiquement vos rendements. Donc, faute de trouver l'outil idéal, vous pouvez le créer vous-mêmes, à votre goût.

Voici les actions les plus intéressantes pour leur prix, leur potentiel de rendement et/ou leur versement de dividendes dans chaque **secteur d'activité** :

Consommation de base (défensive) :

CL – Colgate-Palmolive Co. (Dow Jones)

COST – Costco Wholesale Corp (Nasdaq)

DOL – Dollarama Inc (TSX)

HSY – Hershey Company (Dow Jones)

KO – Coca-Cola Co. (Dow Jones)

MRU – Metro Inc (TSX)

PEP – Pepsico Inc (Nasdaq)

PG – Procter & Gamble Co. (Dow Jones)

SAP – Saputo Inc (TSX)

TGT – Target Corp (Dow Jones)

UVV – Universal Corp (Dow Jones)

WMT – Walmart Inc (Dow Jones)

Consommation discrétionnaire (cyclique) :

ABNB – Airbnb Inc (Class A) (Nasdaq)

AMZN – Amazon.com Inc (Nasdaq)

ATD – Alimentation-Couche Tard Class A (TSX)

BABA – Alibaba Group Holding Ltd (Dow Jones)

BBY – Best Buy Co. Inc (Dow Jones)

CTC.A – Canadian Tire Corp (Class A) (TSX)

CZR – Caesars Entertainment Inc (Nasdaq)

DOO – BRP Inc (TSX)

F – Ford Motor Co. (Dow Jones)

FOOD – Goodfood Market Corp (TSX)

GM – General Motors Company (Dow Jones)

GOOS – Canada Goose Holdings Inc (TSX)

HD – Home Depot Inc (Dow Jones)

HLT – Hilton Worldwide Holdings (Dow Jones)

LOW – Lowe's Cos. Inc (Dow Jones)

MAR – Marriott International (Class A) (Nasdaq)

MCD – McDonald's Corp (Dow Jones)

MGM – MGM Resorts International (Dow Jones)

NKE – Nike Inc (Class B) (Dow Jones)

RCH – Richelieu Hardware Ltd (TSX)

SBUX – Starbucks Corp (Nasdaq)

TAIG – Taiga Motors Corporation (TSX)

TM – Toyota Motor Corporation (Dow Jones)

TRZ – Transat A.T. Inc (TSX)

TSLA – Tesla Inc (Nasdaq)

WYNN – Wynn Resorts Ltd (Nasdaq)

Énergie :

CNQ – Canadian Natural Resources Ltd (TSX)

CVX – Chevron Corp (Dow Jones)

ENB – Enbridge Inc (TSX)

IMO – Imperial Oil Ltd (TSX)

KEY – Keyera Corp (TSX)

PPL – Pembina Pipeline Corporation (TSX)

TRP – TC Energy Corporation (TSX)

XOM – Exxon Mobil Corp (Dow Jones)

Finance :

BAM.A – Brookfield Asset Management Inc (Class A) (TSX)

BK – Canadian Banc Corp (Class A) (TSX)

BMO – Bank of Montreal (TSX)

BRK.B – Berkshire Hathaway Inc (Class B) (Dow Jones)

BSAC – Banco Santander Chile SA (Dow Jones)

DF – Dividend 15 Split Corp II (Class A) (TSX)

DFN – Dividend 15 Split Corp (Class A) (TSX)

DGS – Dividend Growth Split Corp (Class A) (TSX)

DS – Dividend Select 15 Corp (TSX)

FFN – North American Financial 15 Split Corp (Class A) (TSX)

FSZ – Fiera Capital Corp (Class A) (TSX)

GDV – Global Dividend Growth Split Corp (Class A) (TSX)

HIX – Western Asset High Income Fund II Inc (Dow Jones)

IAG – iA Financial Corp (TSX)

IFC – Intact Financial Corp (TSX)

JPM – JPMorgan Chase & Co. (Dow Jones)

LBS – Life & Banc Split Corp (Class A) (TSX)

MA – Mastercard Inc (Dow Jones)

MFC – Manulife Financial Corp (TSX)

MS – Morgan Stanley (Dow Jones)

NA – National Bank of Canada (TSX)

NEWT – Newtek Business Services Corp (Nasdaq)

PDI – PIMCO Dynamic Income Fund (Dow Jones)

PIC.A – Premium Income Corp (Class A) (TSX)

POW – Power Corporation of Canada (TSX)

PYPL – PayPal Holdings Inc (Nasdaq)

RY – Royal Bank of Canada (TSX)

SLF – Sun Life Financial (TSX)

TD – Toronto Dominion Bank (TSX)

V – Visa Inc (Class A) (Dow Jones)

Immobilier :

CAR.UN – Canadian Apartment Properties REIT (TSX)

DIR.UN – Dream Industrial REIT (TSX)

GRT.UN – Granite REIT (TSX)

IIP.UN – InterRent REIT (TSX)

KMP.UN – Killam Apartment REIT (TSX)

NWH.UN – Northwest Healthcare Properties REIT (TSX)

O – Realty Income Corp (Dow Jones)

SMU.UN – Summit Industrial Income REIT (TSX)

Industriel :

AC – Air Canada Inc (TSX)

ADP – Automatic Data Processing Inc (Nasdaq)

BBD.B – Bombardier Inc (Class B) (TSX)

CAE – Cae Inc (TSX)

CAT – Caterpillar Inc (Dow Jones)

CNR – Canadian National Railway Co. (TSX)

CP – Canadian Pacific Railway Ltd (TSX)

DOV – Dover Corp (Dow Jones)

EIF – Exchange Income Corp (TSX)

HRX – Héroux-Devtek Inc (TSX)

LEV – The Lion Electric Co. (TSX)

MMM – 3M Co. (Dow Jones)

SIS – Savaria Corp (TSX)

TCL.A – Transcontinental Inc (Class A) (TSX)

TFII – TFI International Inc (TSX)

TIH – Toromont Industries Ltd (TSX)

TRI – Thomson-Reuters Corp (TSX)

UAL – United Airlines Holdings Inc (Nasdaq)

UPS – United Parcel Service Inc (Class B) (Dow Jones)

WCN – Waste Connections Inc (TSX)

Matériaux :

ABX – Barrick Gold Corp (TSX)

ALB – Albemarle Corp (Dow Jones)

CAS – Cascades Inc (TSX)

CCW – Canada Cobalt Works Inc (TSX Venture)

FNV – Franco-Nevada Corporation (TSX)

KNT – K92 Mining Inc (TSX)

LIF – Labrador Iron Ore Royalty Corp (TSX)

NGT – Newmont Corp (TSX)

NOU – Nouveau Monde Graphite (TSX Venture)

NUE – Nucor Corp (Dow Jones)

RFP – Resolute Forest Products Inc (TSX)

RIO – Rio Tinto plc (Dow Jones)

RPM – RPM International Inc (Dow Jones)

SQM – Sociedad Quimica Y Minera de Chile S.A. (Dow Jones)

WPM – Wheaton Precious Metals Corp (TSX)

Santé :

ABBV – Abbvie Inc (Dow Jones)

ABT – Abbott Laboratories (Dow Jones)

ARWR – Arrowhead Pharmaceuticals (Nasdaq)

AZN – Astrazeneca plc (Nasdaq)

CAH – Cardinal Health Inc (Dow Jones)

GMAB – Genmab (Nasdaq)

GSK – Glaxosmithkline plc (Dow Jones)

JNJ – Johnson & Johnson (Dow Jones)

MDT – Medtronic Plc (Dow Jones)

MRK – Merck & Co Inc (Dow Jones)

MRNA – Moderna Inc (Nasdaq)

PFE – Pfizer Inc (Dow Jones)

SNY – Sanofi (Nasdaq)

WBA – Walgreens Boots Alliance (Dow Jones)

WELL – WELL Health Technologies Corp (TSX)

Services publics :

AQN – Algonquin Power & Utilities Corp (TSX)

AWR – American States Water Co. (Dow Jones)

BEP.UN – Brookfield Renewable Partners LP (TSX)

BIP.UN – Brookfield Infrastructure Partners LP (TSX)

BLX – Boralex Inc (Class A) (TSX)

CPX – Capital Power Corp (TSX)

CU – Canadian Utilities Ltd. (Class A) (TSX)

FTS – Fortis Inc (TSX)

HEO – H2O Innovation Inc (TSX Venture)

INE – Innergex Renewable Energy Inc (TSX)

NEE – NextEra Energy Inc (Dow Jones)

NPI – Northland Power Inc (TSX)

PIF – Polaris Infrastructure Inc (TSX)

RNW – TransAlta Renewables Inc (TSX)

Technologie :

AAPL – Apple Inc (Nasdaq)

AMD – Advanced Micro Devices Inc (Nasdaq)

ATVI – Activision Blizzard Inc (Nasdaq)

CRM – Salesforce.Com Inc (Dow Jones)

CSCO – Cisco Systems, Inc (Nasdaq)

DELL – Dell Technologies (Class C) (Dow Jones)

ENGH – Enghouse Systems Ltd (TSX)

GIB.A – CGI Inc (Class A) (TSX)

HPQ – HP Inc (Dow Jones)

IBM – International Business Machines Corp (Dow Jones)

INTC – Intel Corp (Nasdaq)

JKS – JinkoSolar Holding Co. Ltd (Dow Jones)

LOGI – Logitech International S.A. (Nasdaq)

LSPD – Lightspeed POS Inc (TSX)

MAXR – Maxar Technologies Inc (TSX)

MSFT – Microsoft Corporation (Nasdaq)

MSI – Motorola Solutions Inc (Dow Jones)

NLOK – NortonLifeLock Inc (Nasdaq)

NVDA – NVIDIA Corp (Nasdaq)

OKTA – Okta Inc (Class A) (Nasdaq)

ORCL – Oracle Corp (Dow Jones)

SHOP – Shopify Inc (Class A) (TSX)

SONY – Sony Corporation (Dow Jones)

TSM – Taiwan Semiconductor Manufacturing (Dow Jones)

TXN – Texas Instruments Inc (Nasdaq)

Télécommunications :

BCE – BCE Inc (TSX)

CCA – Cogeco Communications Inc (TSX)

FB – Meta Platforms Inc (Nasdaq)

GOOGL – Alphabet Inc (Class A) (Nasdaq)

NFLX – NetFlix Inc (Nasdaq)

QBR.B – Quebecor Inc (Class B) (TSX)

SJR.B – Shaw Communications (Class B) (TSX)

T – Telus Corp (TSX)

T – AT&T Inc (Dow Jones)

VZ – Verizon Communications Inc (Dow Jones)

Tant au Canada qu'aux États-Unis, les meilleures compagnies qui versent des dividendes sont classées selon un système bien précis.

Au Canada :

Aristocrats : Les Aristocrats canadiens doivent répondre à 3 critères : une capitalisation boursière d'au moins 300 M$, la société **a augmenté le dividende pendant 5 années consécutives** et elle doit être inscrite à la Bourse de Toronto et membre du S&P Canada BMI. En 2021, on comptait **88 Aristocrats** dont Canadian Utilities (CU) et Fortis (FTS) qui ont augmenté leur dividende respectivement pour 49 et 47 ans consécutifs.

Voici la liste des Aristocrats :

https://www.stocktrades.ca/canadian-dividend-aristocrats-list/

Blue Chips : Les Blue Chips canadiens possèdent les 3 caractéristiques suivantes. L'entreprise est leader tant en capitalisation boursière au sein de son secteur, de son pays que dans son segment d'activité. L'entreprise a souvent des produits bien connus de tous et établis au sein du foyer. L'entreprise verse souvent un dividende et a versé un dividende régulièrement pendant de nombreuses années. Bien qu'il ne soit pas nécessaire de verser un dividende ou d'avoir augmenté le dividende, ils ont généralement établi le modèle. Les Blue Chips sont des **titres plus défensifs**, qui réagissent moins à une chute des marchés et récupèrent rapidement. On peut identifier une cinquantaine de Blue Chips au Canada, dont plusieurs Aristocrats.

Voici la liste des Blue Chips :

https://dividendearner.com/canadian-blue-chip-stocks/

La liste complète des actions et FNB disponibles à la Bourse de Toronto (TSX) est disponible ici :

http://eoddata.com/stocklist/TSX/A.htm

La liste des actions disponibles sur le TSX Venture (TSX Croissance) se trouve ici :

http://eoddata.com/stocklist/TSXV.htm

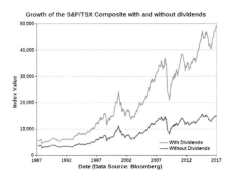

Growth of the S&P/TSX Composite with and without dividends

Aux États-Unis :

Kings : Les Dividend Kings étaient **30 entreprises** en 2021 qui ont **augmenté leur dividende par action pour plus de 50 années consécutives**.

Voici la liste des Dividend Kings :

https://www.dogsofthedow.com/dividen d-kings-list.htm

Aristocrats : Les Dividend Aristocrats comptaient **65 entreprises** en 2021. Ils doivent faire partie du S&P 500 et avoir **augmenté leur dividende par action pour plus de 25 années consécutives**.

Voici la liste des Dividend Aristocrats :

https://money.usnews.com/investing/sto ck-market-news/articles/dividend-stocks-aristocrats

Achievers : Les Dividend Achievers étaient **274 entreprises** en 2021 qui ont **augmenté leur dividende par action pour au moins 10 années consécutives**.

Voici la liste des Dividend Achievers :

https://www.marketbeat.com/dividends/ achievers/

La liste des actions disponibles sur le Dow Jones (Industriel) à la Bourse de New York se trouve ici :

https://markets.businessinsider.com/ind ex/components/dow_jones

Pour la liste complète des actions disponibles sur le NASDAQ 100 (Technologie) à la Bourse de New York, veuillez consulter ce lien :

https://markets.businessinsider.com/ind ex/components/nasdaq_100

Finalement, la liste des actions disponibles sur le S&P 500 (les 500 plus grandes compagnies aux États-Unis) peut être découverte ici :

https://markets.businessinsider.com/ind ex/components/s&p_500

En conclusion, pour de bons résultats sur le long terme avec les placements en actions, il ne faut pas être trop gourmand et minimiser les erreurs. Voici 2 citations pour compléter, telles que rappelées par **Raymond Kerzérho** de **Les Affaires** dans un article du 23 juin 2021 :

« Premièrement, dans son livre *Winning the Loser's Game*, **Charles Ellis** compare la gestion de portefeuille à une partie de tennis. Hormis les joueurs professionnels, la plupart des matchs seront remportés selon lui par le joueur qui commet le moins d'erreurs plutôt que celui qui réalise le plus de coups offensifs gagnants. »

« Finalement, **James Parkyn** a publié un livret électronique intitulé *Les sept péchés capitaux du placement*, qui met en lumière les 7 erreurs les plus fréquentes qui font capoter les portefeuilles de bien des investisseurs :

1- Tenter de battre le marché

2- Perdre le contrôle de ses émotions

3- Ignorer la diversification

4- Tenter de prédire le marché

5- Se laisser emporter par les manchettes des médias

6- Pourchasser les performances passées

7- Ignorer les facteurs sous votre contrôle ».

FONDS NÉGOCIÉS EN BOURSE (FNB)

Un Fonds négocié en Bourse (FNB ou ETF en anglais) est un fonds d'investissement dont les titres sont négociés comme des actions en bourse. Les FNB ont beaucoup évolué ces dernières années. Les fonds indiciels suivent habituellement un indice de référence. Certains FNB ne portent pas nécessairement sur des indices d'actions : ils peuvent également porter sur le prix des matières premières, par exemple le pétrole, le gaz, l'or et le grain. Ils peuvent aussi porter sur des indices d'obligations, de métaux précieux, de marchandises, etc. D'autres FNB portent sur des devises, incluant maintenant les cryptomonnaies. Ils évoluent alors selon les fluctuations de taux de change.

Un gestionnaire de portefeuille qui gère le FNB tente donc de réaliser un rendement supérieur à un indice de référence. Les frais de ces FNB peuvent être plus élevés que ceux qui visent simplement à reproduire un indice.

Avantages : Meilleure diversification qu'avec des actions, mais aussi faciles à acheter et à vendre. Frais minimes comparativement à d'autres fonds d'actions comme les fonds communs de placement. Permet un investissement dans un secteur complet sans avoir à acheter les actions séparément. Moins risqué et moins volatile que les actions qu'ils contiennent.

Inconvénients : Rendements moins spectaculaires que certaines actions.

Suggestion : Comme pour les actions, il est préférable d'utiliser le CELI pour les FNB de croissance ou plus volatiles (pour faire grandir le compte rapidement) et le REER pour les FNB tout-en-un, indiciels, de valeur ou à revenu (pour un rendement constant sur le long terme).

Pour suivre l'évolution de vos FNB et obtenir plus d'informations, consultez le site ou l'application mobile de **Yahoo! Finance**, ou les données boursières disponibles directement dans votre fichier Excel.

FNB TOUT-EN-UN

Voici quelques **FNB tout-en-un** (portefeuilles), tous au TSX, qui contiennent d'autres FNB de différents secteurs pour une diversification maximale :

GEQT – iShares ESG Equity ETF Portfolio

GGRO – iShares ESG Growth ETF Portfolio

HGRO – Horizons Growth TRI ETF Portfolio

VEQT – Vanguard All-Equity ETF Portfolio

VGRO – Vanguard Growth ETF Portfolio

XBAL – iShares Core Balanced ETF Portfolio

XEQT – iShares Core Equity ETF Portfolio

XGRO – iShares Core Growth ETF Portfolio

ZGRO – BMO Growth ETF

FNB INDICIELS

Voici des **FNB indiciels**, visant à reproduire des indices par secteurs géographiques :

Canada :

PZC – Invesco FTSE RAFI Canadian Small-Mid Index ETF (TSX)

QXM – CI First Asset Morningstar National Bank Quebec Index ETF (TSX)

XIU – iShares S&P/TSX 60 Index ETF (TSX)

ZCN – BMO S&P/TSX Capped Composite Index ETF (TSX)

États-Unis :

EQWL – Invesco S&P 100 Equal Weight ETF (NYSE Arca)

ITOT – iShares Core S&P Total U.S. Stock Market ETF (NYSE Arca)

IWB – iShares Russell 1000 ETF (NYSE Arca)

IWC – iShares Micro-Cap ETF (NYSE Arca)

IWM – iShares Russell 2000 ETF (NYSE Arca)

IWR – iShares Russell Mid-Cap ETF (NYSE Arca)

IWV – iShares Russell 3000 ETF (NYSE Arca)

VFV – Vanguard S&P 500 Index ETF (TSX)

VUN – Vanguard U.S. Total Market Index ETF (TSX)

ZDJ – BMO Dow Jones Industrial Average Hedged to CAD Index ETF (TSX)

ZNQ – BMO NASDAQ 100 Equity Index ETF (TSX)

ZSP – BMO S&P 500 Index ETF (TSX)

Europe :

EWD – iShares MSCI Sweden ETF (NYSE Arca)

EWG – iShares MSCI Germany ETF (NYSE Arca)

EWI – iShares MSCI Italy ETF (NYSE Arca)

EWK – iShares MSCI Belgium ETF (NYSE Arca)

EWL – iShares MSCI Switzerland ETF (NYSE Arca)

EWN – iShares MSCI Netherlands ETF (NYSE Arca)

EWO – iShares MSCI Austria ETF (NYSE Arca)

EWP – iShares MSCI Spain ETF (NYSE Arca)

EWQ – iShares MSCI France ETF (NYSE Arca)

EWU – iShares MSCI United Kingdom ETF (NYSE Arca)

GREK – Global X MSCI Greece ETF (NYSE Arca)

HXX – Horizons Europe 50 Index ETF

NORW – Global X MSCI Norway ETF (NYSE Arca)

XEU – iShares MSCI Europe IMI Index ETF (TSX)

ZEQ – BMO MSCI Europe High Quality Hedged to CAD Index ETF (TSX)

Océanie :

ENZL – iShares MSCI New Zealand ETF (Nasdaq)

EWA – iShares MSCI Australia ETF (NYSE Arca)

Asie (pays développés) :

EWH – iShares MSCI Hong Kong ETF (NYSE Arca)

EWJ – iShares MSCI Japan ETF (NYSE Arca)

EWS – iShares MSCI Singapore ETF (NYSE Arca)

VA – Vanguard FTSE Developed Asia Pacific All Cap Index ETF (TSX)

Pays émergents :

AFK – VanEck Vectors Africa Index ETF (NYSE Arca)

ARGT – Global X MSCI Argentina ETF (NYSE Arca)

CHNA.B – CI ICBCCS S&P China 500 Index ETF (TSX)

EPP – iShares MSCI Pacific ex Japan ETF (NYSE Arca)

EPU – iShares MSCI Peru ETF (NYSE Arca)

EWT – iShares MSCI Taiwan ETF (NYSE Arca)

EWW – iShares MSCI Mexico ETF (NYSE Arca)

EWY – iShares MSCI South Korea ETF (NYSE Arca)

EWZ – iShares MSCI Brazil ETF (NYSE Arca)

GXG – Global X MSCI Colombia ETF (NYSE Arca)

ISRA – VanEck Vectors Israel ETF (NYSE Arca)

KSA – iShares MSCI Saudi Arabia ETF (NYSE Arca)

MCHI – iShares MSCI China ETF (Nasdaq)

THD – iShares MSCI Thailand ETF (NYSE Arca)

ZEM – BMO MSCI Emerging Markets Index ETF (TSX)

ZID – BMO India Equity Index ETF (TSX)

International :

IOO – iShares Global 100 ETF (NYSE Arca)

PXG – Invesco FTSE RAFI Global+ Index ETF (TSX)

PZW – Invesco FTSE RAFI Global Small-Mid ETF (TSX)

VT – Vanguard Total World Stock ETF (NYSE Arca)

FNB CROISSANCE

ARKK – ARK Investment Management LLC - ARK Innovation ETF (NYSE Arca)

FFTY – Innovator IBD 50 ETF (NYSE Arca)

IUSG – iShares Core S&P U.S. Growth ETF (Nasdaq)

IWF – iShares Russell 1000 Growth ETF (NYSE Arca)

IWO – iShares Russell 2000 Growth ETF (NYSE Arca)

IWP – iShares Russell Mid-Cap Growth ETF (NYSE Arca)

MGK – Vanguard Mega Cap Growth ETF (NYSE Arca)

SPYG – SPDR Portfolio S&P 500 Growth ETF (NYSE Arca)

FNB VALEUR

Canada :

XCV – iShares Canadian Value Index ETF (TSX)

États-Unis :

IVE – iShares S&P 500 Value ETF (NYSE Arca)

IWD – iShares Russell 1000 Value ETF (NYSE Arca)

IWN – iShares Russell 2000 Value ETF (NYSE Arca)

IWS – iShares Russell Mid-Cap Value ETF (NYSE Arca)

PFM – Invesco Dividend Achievers ETF (Nasdaq)

PKW – Invesco BuyBack Achievers ETF (Nasdaq)

RUD – RBC Quant U.S. Dividend Leaders ETF (TSX)

International :

FUD – First Trust Value Line Dividend ETF (CAD-Hedged) (TSX)

PID – Invesco International Dividend Achievers ETF (Nasdaq)

VVL – Vanguard Global Value Factor ETF (TSX)

FNB CROISSANCE DES DIVIDENDES

Canada :

CDZ – iShares S&P/TSX Canadian Dividend Aristocrats Index ETF (TSX)

États-Unis :

DGR.B – CI WisdomTree U.S. Quality Dividend Growth Index ETF (TSX)

CUD – iShares US Dividend Growers Index ETF (CAD-Hedged) (TSX)

RDVY – First Trust Rising Dividend Achievers ETF (Nasdaq)

VGG – Vanguard U.S. Dividend Appreciation Index ETF (TSX)

Europe :

EDGF – Brompton European Dividend Growth ETF (TSX)

FNB REVENU

Canada :

BNC – Purpose Canadian Financial Income Fund (TSX)

FIE – iShares Canadian Financial Monthly Income ETF (TSX)

VDY – Vanguard FTSE Canadian High Dividend Yield Index ETF (TSX)

XDV – iShares Canadian Select Dividend Index ETF (TSX)

XEI – iShares S&P/TSX Composite High Dividend Index ETF (TSX)

États-Unis :

HUL – Harvest US Equity Plus Income ETF (TSX)

PEY – Invesco High Yield Equity Dividend Achievers ETF (Nasdaq)

VYM – Vanguard High Dividend Yield Index ETF (NYSE Arca)

ZDY – BMO US Dividend ETF (TSX)

ZWH – BMO US High Dividend Covered Call ETF (TSX)

Amérique du Nord :

HBF.B – Harvest Brand Leaders Plus Income ETF Unhedged (TSX)

PDIV – Purpose Enhanced Dividend Fund (TSX)

International :

ANGL – VanEck Vectors Fallen Angel High Yield Bond ETF (Nasdaq)

BREA – Brompton Global Real Assets Dividend ETF (TSX)

CYH – iShares Global Monthly Dividend Index ETF (CAD-Hedged) (TSX)

IPKW - Invesco International BuyBack Achievers TM ETF (Nasdaq)

PCEF – Invesco CEF Income Composite ETF (NYSE Arca)

VYMI – Vanguard International High Dividend Yield ETF (Nasdaq)

WDIV – SSgA SPDR S&P Global Dividend ETF (NYSE Arca)

FNB PAR SECTEUR

Voici les FNB les plus intéressants pour leur prix, leur potentiel de rendement et/ou leur versement de dividendes dans chaque **secteur d'activité** :

Consommation de base (défensive) :

COW – iShares Global Agriculture Index ETF (TSX)

STPL – BMO Global Consumer Staples Hedged to CAD Index ETF (TSX)

XLP – SSgA Consumer Staples Select Sector SPDR ETF (NYSE Arca)

XST – iShares S&P/TSX Capped Consumer Staples Index ETF (TSX)

Consommation discrétionnaire (cyclique) :

CARS.B – Evolve Automobile Innovation Index ETF (TSX)

CHIQ – Global X MSCI China Consumer Discretionary ETF (NYSE Arca)

TRVL – Harvest Travel & Leisure Index ETF - Class A (TSX)

XCD – iShares S&P Global Consumer Discretionary Index ETF (CAD-Hedged) (TSX)

XRT – SSgA SPDR Retail ETF (NYSE Arca)

Énergie :

HPF – Harvest Energy Leaders Plus Income ETF (TSX)

XEG – iShares S&P/TSX Capped Energy Index ETF (TSX)

Finance :

CHIX – Global X MSCI China Financials ETF (NYSE Arca)

FLI – CI First Asset U.S. & Canada LifeCo Income ETF (TSX)

HBA – Hamilton Australian Bank Equal-Weight Index ETF (TSX)

Chapitre 3 – Types de placements

XFN – iShares S&P/TSX Capped Financials Index ETF (TSX)

XLF – SSgA Financial Select Sector SPDR ETF (NYSE Arca)

ZBK – BMO Equal Weight US Banks Index ETF (TSX)

ZEB – BMO Equal Weight Banks Index ETF (TSX)

ZWB – BMO Covered Call Canadian Banks ETF (TSX)

Immobilier :

RIT – CI First Asset Canadian REIT ETF (TSX)

TGRE – TD Active Global Real Estate Equity ETF (TSX)

ZRE – BMO Equal Weight REITs Index ETF (TSX)

Industriel :

CWW – iShares Global Water Index ETF (TSX)

FHG – First Trust AlphaDEX U.S. Industrials Sector Index ETF (TSX)

HYDR – Horizons Global Hydrogen Index ETF Class A (TSX)

XAR – SSGA SPDR S&P Aerospace & Defense ETF (NYSE Arca)

XGI – iShares S&P Global Industrials Index ETF (CAD-Hedged) (TSX)

ZIN – BMO Equal Weight Industrials Index ETF (TSX)

Matériaux :

BASE – Evolve Global Materials & Mining Enhanced Yield Index ETF (TSX)

COPX – Global X Copper Miners ETF (NYSE Arca)

HGY – Horizons Gold Yield ETF (TSX)

HLIT – Horizons Global Lithium Producers Index ETF Class A (TSX)

LIT – Global X Lithium & Battery Tech ETF (NYSE Arca)

SLX – VanEck Vectors Steel ETF (NYSE Arca)

SVR.C – iShares Silver Bullion ETF Non-Hedged (TSX)

WOOD – iShares Global Timber & Forestry ETF (Nasdaq)

XBM – iShares S&P/TSX Global Base Metals Index ETF (TSX)

XGD – iShares S&P/TSX Global Gold Index ETF (TSX)

XMA – iShares S&P/TSX Capped Materials Index ETF (TSX)

Santé :

HHL.B – Harvest Healthcare Leaders Income ETF (TSX)

HIG – Brompton Global Healthcare Income & Growth ETF (TSX)

HMMJ – Horizons Medical Marijuana Life Sciences Index ETF (TSX)

LIFE – Evolve Global Healthcare Enhanced Yield ETF (TSX)

Services publics :

FAI – CI First Asset Active Utility & Infrastructure ETF (TSX)

HUTL – Harvest Equal Weight Global Utilities Income ETF (TSX)

ICLN – iShares Global Clean Energy ETF (Nasdaq)

VPU – Vanguard Utilities ETF (NYSE Arca)

XUT – iShares S&P/TSX Capped Utilities Index ETF (TSX)

ZUT – BMO Equal Weight Utilities Index ETF (TSX)

Technologie :

BOTZ – Global X Funds Global X Robotics & Artificial Intelligence ETF (Nasdaq)

CYBR.B – Evolve Cyber Security Index ETF (TSX)

EDGE – Evolve Innovation Index Fund (TSX)

HTA – Harvest Tech Achievers Growth & Income ETF (TSX)

META – Roundhill Ball Metaverse ETF (NYSE Arca)

TXF.B – CI First Asset Tech Giants Covered Call ETF – Unhedged (TSX)

XIT – iShares S&P/TSX Capped Information Technology Index ETF (TSX)

XLK – SSgA Technology Select Sector SPDR (NYSE Arca)

XSD – SSgA SPDR Semiconductors (NYSE Arca)

Télécommunications :

COMM – BMO Global Communications Index ETF (TSX)

HERO – Evolve E-Gaming Index ETF (TSX)

TECH – Evolve FANGMA Index ETF CAD Hedged (TSX)

FNB CRYPTOMONNAIES

Finalement, voici des FNB au TSX suivant le secteur plus volatile des **cryptomonnaies** et **blockchains** :

BTCC.B – Purpose Bitcoin ETF CAD ETF Non-Currency Hedged Units

ETHX.B – CI Galaxy Ethereum ETF CAD Unhedged

HBLK – Blockchain Technologies ETF

QBTC.U – The Bitcoin Fund - Unit - Class A

La liste complète des FNB disponibles à la Bourse de Toronto (TSX) se trouve ici :

https://www.tsx.com/resource/en/1168

La liste complète des FNB disponibles à la Bourse de New York (NYSE Arca ou Nasdaq) peut être consultée ici :

https://etfdb.com/etfs/country/us/

FONDS COMMUNS DE PLACEMENT

Les fonds communs de placement regroupent l'argent des investisseurs. Un gestionnaire investit ces sommes dans divers types de placements en fonction des objectifs du fonds. Ces objectifs peuvent par exemple être de préserver les sommes investies, de produire un revenu régulier ou de faire croître le plus possible les sommes investies. En investissant dans un fonds, les investisseurs reçoivent un titre qui leur donne un droit de propriété sur une partie du fonds commun de placement. Généralement, vous pouvez vendre vos titres de fonds communs de placement quand vous le désirez. La valeur d'un titre d'un fonds est généralement calculée une fois par jour.

Le risque des fonds communs de placement dépend des placements dans lesquels le fonds investit (obligations, actions, etc.). Les titres de fonds communs de placement ne sont pas garantis. On compte plusieurs catégories de fonds communs de placement avec un risque allant de faible à élevé : **fonds du marché monétaire**, **fonds à revenu fixe**, **fonds équilibrés**, **fonds d'actions**, **fonds internationaux**, **fonds spécialisés**, **fonds indiciels** et **fonds socialement responsables**.

Les **fonds d'actions** proposent probablement le meilleur taux de rendement avec un niveau de risque moyen à élevé, dépendant des choix de titres que fait le gestionnaire de portefeuille. Par exemple, un fonds d'actions d'une banque comme Desjardins avec 100 % d'actions pourra donner un rendement autour de 8,5 %. C'est inférieur aux FNB indiciels, avec en plus des frais de gestion beaucoup plus élevés.

Avantages : Les fonds bénéficient de toute l'expertise et l'expérience d'un gestionnaire de portefeuille pour effectuer les meilleurs placements. Taux de rendement correct compte tenu du risque. Transactions directement à votre banque pour faciliter le transfert des sommes.

Inconvénients : Frais de gestion élevés que l'on doit prendre en compte dans le taux de rendement net. La simplicité et les faibles frais des FNB font en sorte de rendre les fonds communs de placement moins intéressants.

FONDS DE TRAVAILLEURS

Il existe différents fonds d'investissement dits « de travailleurs » : Le **Fonds de solidarité de la FTQ** et le **Fondaction**, celui de la CSN, en sont les exemples les plus connus au Québec. Investir dans ces fonds (**REER+**) permet des **économies d'impôts additionnelles de 30 %** (grâce à des subventions de 15 % du gouvernement fédéral et de 15 % du gouvernement provincial), pour une **cotisation maximale de 5 000 $ par année** (donc **1 500 $ d'économie d'impôt additionnelle**). Cependant, il vous est impossible de retirer votre argent avant votre retraite, sauf pour deux raisons : un retour aux études (REEP) ou l'achat d'une première propriété (RAP). Dans les deux cas, l'argent doit être remboursé dans votre compte REER selon un calendrier maximal.

Rendement : Historiquement, environ **7,5 % par année** pour le Fonds FTQ (plus de 20 % en 2021) et environ **5 % par année** pour Fondaction (plus de 22 % en 2021), variable en fonction du marché boursier. À noter qu'une grande portion des investissements du Fonds FTQ et de Fondaction est réalisée dans des entreprises québécoises.

Avantages : Un maximum de **1 500 $ offerts** par les gouvernements pour une contribution maximale de 5 000 $ par année. Contribution par prélèvements automatiques mensuels ou forfaitaires. Le Fonds FTQ offre aussi un compte CELI flexible à un taux de rendement comparable et en fonction de sa tolérance au risque.

Inconvénients : Impossible de retirer l'argent avant sa retraite, sauf pour un retour aux études ou l'achat d'une première propriété. Plafond annuel total d'investissement qui peut être atteint rapidement dans l'année, ce qui nécessite d'investir dès que possible ou d'établir des prélèvements automatiques.

Suggestion : Puisqu'un maximum de 1 500 $ est offert par les gouvernements, il est intéressant d'en profiter et d'utiliser cette somme pour un investissement dans un autre placement à meilleur taux de rendement. Ne jamais refuser de l'argent gratuit!

Il existe plusieurs dizaines de fonds de travailleurs au Canada. En plus de la subvention de 15 % du gouvernement fédéral, chaque province offre une subvention de 15 %, sauf l'Ontario qui offre 20 %.

Voici la liste des fonds de travailleurs disponibles sur **Placements Directs TD**. Communiquez avec votre courtier pour une liste complète de ceux qui sont disponibles dans votre province :

Algonquin Power Venture Fund I

Altruista Fund Inc.

Altura Growth Fund (EVCC) Inc.

B.E.S.T. Discovers Fund (DSC)

BPI Ensis Growth LSVCC (DSC)

BPI Ensis Growth LSVCC

British Columbia Discovery

C.I. Covington II (DSC)

C.I. Covington Strategic Capital Series II

Capital Alliance Ventures (DSC)

CCP Crown Ventures Fund Inc.

Crocus Labour Fund (DSC)

Dynamic Venture Opportunities

First Ontario Fund (DSC)

First Ontario Growth (DSC)

Front Street Energy Growth Ser. III

Golden Opportunities Fund Inc.

Growthworks (WV) Canadian Balanced

Growthworks (WV) Canadian Diversified

Growthworks (WV) Canadian Financial Services

Growthworks (WV) Canadian Growth

Growthworks (WV) Canadian Income

Growthworks (WV) Canadian Resource

Growthworks (WV) Opportunity Balanced

Growthworks (WV) Opportunity Diversified

Growthworks (WV) Opportunity Financial Services

Growthworks (WV) Opportunity Growth

Growthworks (WV) Opportunity Income

Growthworks (WV) Opportunity Resource

Lawrence Enterprise Series IV

Mackenzie Vengrowth Advanced Life Sciences

Mackenzie Vengrowth II (DSC)

Mackenzie Vengrowth III Investment Fund

Mackenzie Vengrowth Traditional Industries (LSVCC)

Pender Growth Fund VCC

Retrocom Growth Fund

Return on Innovation (ROI) Fund Series II

Talvest Canadian Medical Discoveries

Talvest Canadian Medical Discoveries II (DSC)

Talvest Canadian Sci & Tech (DSC)

Triax Capital First Venture

Triax E2 Venture Fund II

Triax Financial Ind. Opp. Sr. II

Triax Growth Fund DSC III

Triax New Generation Biotech Equity III

Triax Venture Partners Equity III

Venturelink Brighter Future Eq. IV

Venturelink Diversified Inc. IV

Venturelink Financial Services IV

Venturelink Fund, Series IV

Working Opportunities Bal.

Working Opportunities Growth

Working Ventures (DSC)

Working Ventures Opportunity

OBLIGATIONS BOURSIÈRES

Il existe plusieurs types d'obligations, à terme ou encaissables en tout temps : à taux progressif, à taux fixe, à escompte, d'épargne, etc. Cependant, comme elles ont toutes la vilaine habitude d'avoir des taux de rendement dépassant à peine le niveau d'inflation, elles sont plutôt inintéressantes dans une planification financière visant un accroissement important du capital sur le long terme. Leur seul avantage est que le capital est garanti.

Parmi les types d'obligations, un se démarque, soit les obligations boursières, notamment celles du Québec émises par **Épargne Placements Québec**. Ces obligations suivent **l'indice de référence Québec 30** pour un rendement digne du marché boursier canadien, avec en plus l'avantage d'avoir le **capital entièrement garanti** par le Gouvernement du Québec.

Les obligations boursières du Québec peuvent être achetées selon un terme de **5 ans** ou de **10 ans**, donc elles sont idéales dans un compte REER dans une perspective à long terme. Le rendement maximal est de **40 %** (rendement annualisé maximal de 6,96 %) pour le terme de 5 ans et de **100 %** (rendement annualisé maximal de 7,18 %) pour le terme de 10 ans (auparavant illimité).

Avantages : Capital garanti à 100 %, donc ouverture au marché boursier québécois sans risque. Rendement intéressant comparativement aux autres types d'obligations et même aux certificats de placement garanti des grandes banques.

Inconvénients : Argent non disponible avant la fin du terme de 5 ans ou de 10 ans, donc moins intéressant pour un compte CELI dont le but est de demeurer flexible. De plus, le rendement maximal est préétabli, peu importe les résultats de l'indice Québec 30 sur la période.

Pour les obligations boursières provinciales ailleurs au Canada, veuillez vérifier ce qui est offert par votre gouvernement provincial ou auprès de votre courtier.

CRYPTOMONNAIES

Si certaines cryptomonnaies peuvent être utilisées comme forme de paiement ou comme moyen d'échange sur le réseau décentralisé, elles n'ont pas cours légal. Le **Bitcoin** est la plus importante et la plus connue des cryptomonnaies. Fondée en 2009 sur le principe du particulier à particulier (peer to peer), elle est « décentralisée ».

Les cryptomonnaies peuvent se gagner ou s'acheter. L'émission et la gestion des cryptomonnaies se font au moyen de règles prédéfinies ou par l'intermédiaire d'algorithmes complexes à code source ouvert qui sont propres à chaque cryptomonnaie. Par exemple, l'émission de nouveaux Bitcoins repose sur des algorithmes de « minage » exécutés par des personnes, appelées « mineurs », grâce à des ordinateurs puissants et sophistiqués. En échange de leurs services, les mineurs reçoivent gratuitement des unités monétaires virtuelles qui pourront être échangées. Tout autre individu ne participant pas à ces activités de « minage » et désirant se procurer de la monnaie virtuelle doit l'acheter.

Une cryptomonnaie est caractérisée par **deux clés** : la première clé est « publique » et elle certifie l'existence et l'unicité de l'unité de monnaie virtuelle; la deuxième clé est « privée » et elle équivaut à un code secret que le propriétaire entrepose dans son **portefeuille électronique**. Une fois le portefeuille électronique constitué à l'aide de logiciels ou de plateformes destinés à ce type d'échange, les utilisateurs peuvent procéder à l'achat de biens ou de services, ainsi qu'à l'échange ou au transfert de cryptomonnaies.

Ces types de transactions se font de manière pseudo-anonyme grâce aux clés utilisées. Lors d'un paiement, le propriétaire d'une unité de cryptomonnaie valide celle-ci avec sa clé privée. Cette transaction est ensuite soumise à un réseau de mineurs qui atteste la propriété des unités de cryptomonnaie, validant ainsi la transaction et le transfert vers le nouveau propriétaire.

Voici une liste non exhaustive de plateformes pour transiger des cryptomonnaies :

Crypto.com

Coinbase

Binance

Bitcoin Trader

Kraken

eToro

Gemini

Libertex

Uniswap

Bitbuy

CoinSmart

MyBTC.ca

Mogo Crypto

Si on ne veut pas nécessairement posséder la cryptomonnaie dans un portefeuille électronique, on peut simplement investir sur sa valeur, ou plutôt spéculer puisque les cryptomonnaies demeurent hautement volatiles. On peut le faire par exemple sur une plateforme comme **Wealthsimple Crypto** pour un certain nombre de cryptomonnaies.

En voici une liste non exhaustive, présentées en ordre décroissant de capitalisation boursière :

BTC – Bitcoin : Fondé en 2009, le Bitcoin est la crypto la plus connue et celle qui domine le marché avec une capitalisation boursière d'environ 790 milliards $US.

ETH – Ethereum : Fondé en 2015, l'Ethereum est la deuxième crypto la plus populaire avec plus de 365 milliards $US en capitalisation boursière. ETH est aussi un langage de programmation, ce qui le rend populaire auprès de grandes entreprises comme Microsoft. Sa valeur a augmenté de 27 000 % en 5 ans.

SOL – Solana : 70 milliards $US en capitalisation boursière. La valeur du Solana a augmenté de 15 000 % entre 2020 et 2021.

ADA – Cardano : Le Cardano a connu une croissance plus progressive que les autres cryptos, mais a tout de même progressé de 10 500 % entre 2017 et 2021. ADA a moins d'impacts environnementaux.

DOT – Polkadot : Le Polkadot cherche à relier plusieurs blockchains afin qu'elles puissent fonctionner en synchronisation. Augmentation de près de 600 % entre 2020 et 2021.

LINK – Chainlink : Grâce à un réseau oracle décentralisé, le Chainlink permet aux blockchains d'interagir en toute sécurité avec des flux de données, événements et méthodes de paiement externes.

DOGE – Dogecoin : Augmentation de 86 000 % entre 2017 et 2021.

MATIC – Polygon : Première plateforme bien structurée et accessible pour la mise à échelle et le développement d'infrastructure de l'Ethereum, le Polygon transforme efficacement l'Ethereum en un système complet de blockchains.

UNI – Uniswap : Derrière la crypto se cache une bourse mondiale décentralisée, la première à permettre la négociation sur marge et à effet de levier.

XLM – Stellar : Le Stellar permet des paiements plus abordables et plus rapides.

ATOM – Cosmos : Le Cosmos vise à créer un réseau de blockchains capables de communiquer entre elles de manière décentralisée.

LTC – Litecoin : Basé sur la technologie du Bitcoin, le Litecoin est plus accessible et permet des transactions plus rapides. Il compte 4 fois plus d'unités que le Bitcoin, ce qui le rend moins vulnérable aux attaques.

FTM – Fantom

BCH – Bitcoin Cash

AAVE – Aave

SUSHI – SushiSwap

SNX – Synthetix

AVAX – Avalanche

SHIB – Shiba Inu

Avantages : Spéculer sur les cryptomonnaies permet de diversifier un peu plus ses investissements. Les cryptomonnaies évoluent indépendamment du marché boursier. Les rendements peuvent être spectaculaires en peu de temps.

Inconvénients : Les cryptomonnaies demeurent hautement volatiles et leur valeur peut chuter aussi rapidement qu'elle est montée. Investissement très risqué sur le long terme, les cryptomonnaies demeurent spéculatives. Les sommes placées dans les cryptomonnaies devraient toujours être des montants que l'on peut se permettre de perdre, puisque certaines cryptomonnaies pourraient perdre toute leur valeur dans le temps, jusqu'à disparaître. On devrait se limiter à une faible portion de ses placements dans les cryptomonnaies (5 % maximum).

AUTRES TYPES DE PLACEMENTS

Certificats de placements garantis (CPG) : Même si leur capital est garanti, les CPG (que plusieurs surnomment « certificats de pauvreté garantie ») offrent des taux à peine supérieurs à l'inflation, en plus d'être gelés selon un terme de 1 an à 5 ans. Ils ne présentent donc aucun avantage pour quelqu'un ayant une tolérance quelconque au risque.

Titres à revenu fixe : Investissez dans le marché monétaire, des obligations ou des CPG à revenu fixe. Le seul avantage est d'obtenir des paiements réguliers et prédéterminés à taux de rendement fixe. Le risque est faible, mais le rendement aussi.

Options : Achetez ou vendez un contrat pour négocier un titre sous-jacent à un prix préétabli. Pour les investisseurs actifs et expérimentés, les options permettent de se protéger contre des conditions de marché défavorables. Il est important de garder à l'esprit que le vendeur d'options peut subir des pertes supérieures au prix du contrat.

Biens immobiliers : Investissez dans un immeuble à revenus et profitez des hausses vertigineuses du marché de l'immobilier. Bon rendement sur le long terme, mais ne pas négliger le temps et l'argent nécessaire pour l'entretien d'un immeuble et les autres frais qui y sont liés (taxes foncières, assurances, etc.). Faible liquidité et peut être difficile à vendre.

Petite entreprise : Investissez pour participer au financement d'une petite entreprise. Faible liquidité et risque élevé. Peut être difficile à vendre.

Devises étrangères : Il est toujours possible d'investir dans des devises étrangères en suivant de près le cours de ces devises et en s'assurant d'acheter et de revendre au bon moment. Cependant, les frais de transactions peuvent être élevés et doivent être pris en compte.

Jetons non fongibles (NFT) : Acronyme de *non-fungible token* en anglais, les NFT sont des certificats de propriété virtuels qui permettent de prouver que l'on détient la version originale d'un fichier. Son authentification est validée grâce au protocole d'une chaîne de blocs (*blockchain*) qui lui accorde alors sa première valeur. Les jetons non fongibles ne sont donc pas interchangeables. Il est possible d'investir dans les NFT comme des actions et de faire des profits en les achetant et en les vendant. Si vous possédez une collection de NFT, vous pouvez facilement les revendre de la même manière que si vous les aviez créés vous-même.

Autres investissements possibles : Œuvres d'art, objets de collection, bijoux, monnaie, or physique, etc. Faible liquidité et peut être difficile à vendre selon le cas.

CHAPITRE 4
Outils de placement

Il est suggéré de faire affaire avec un **conseiller financier** pour nous aider à décider des types de placements les plus appropriés pour notre situation et nous orienter vers les meilleurs véhicules et outils de placement. Les statistiques prouvent d'ailleurs sur le long terme que ceux qui ont demandé les services d'un conseiller financier ont de meilleurs résultats en général. Cependant, il y a eu une grande démocratisation de l'investissement au cours des dernières années, ce qui permet à quiconque s'est informé et a beaucoup lu sur le sujet d'investir de façon autonome.

On peut évidemment utiliser les outils disponibles à **son institution financière**, sur les différentes **plateformes de courtage**, en plus d'ouvrir un compte à **Épargne Placements Québec**. Mais il y a aussi la popularité des **robots-conseillers** qui a beaucoup augmenté depuis quelques années. Il s'agit en fait de plateformes en ligne derrière lesquelles se cachent des gestionnaires de portefeuille qui ont mis en place des portefeuilles prédéterminés en fonction de différents niveaux de tolérance au risque. Un logiciel hautement sophistiqué effectue le travail d'un gestionnaire de patrimoine ou d'un conseiller en placements pour vous proposer le meilleur portefeuille en fonction de vos besoins et de votre tolérance au risque.

Voir dans les prochaines pages plus de détails concernant mes outils préférés, robots-conseillers, plateformes de courtage et autres.

Fondé en 1999, **Questrade Financial Group inc.** propose 2 options : la portion robot-conseiller avec les **portefeuilles Questwealth**, ainsi que le **courtage direct** qui permet de transiger des actions, FNB, options, devises et autres. Les portefeuilles Questwealth ont les frais de gestion les plus bas de l'industrie, **de 0,2 à 0,25 %**, en fonction du montant investi. Les FNB des portefeuilles Questwealth ont des ratios de frais de gestion (RFG) **de 0,11 à 0,23 %**, pour des frais totaux aussi bas que **0,31 %**.

Questwealth offre des portefeuilles **gérés activement avec rééquilibrage automatique** de vos placements. C'est-à-dire qu'une équipe d'experts surveille le marché et ajuste votre portefeuille si nécessaire, le tout gratuitement. Finalement, tous les dividendes que vous recevez seront réinvestis automatiquement.

Tarification portefeuilles Questwealth :

Avec une balance entre 1 000 $ et 99 999 $: 0,25 % + RFG

Avec une balance de 100 000 $ et plus : 0,20 % + RFG

Tarification courtage direct :

Actions : 0,01 $ par action (min. 4,95 $ et max. 9,95 $) à l'achat et à la vente

FNB : gratuit à l'achat et 0,01 $ par unité (min. 4,95 $ et max. 9,95 $) à la vente

Options : 9,95 $ + 1 $ par contrat

Types de comptes : CELI, REER, REEE, FERR et autres.

Avantages : Frais de gestion les plus bas de l'industrie pour les portefeuilles Questwealth. Rendement élevé pour un portefeuille de croissance agressif (bien au-delà de 10 % historiquement). Portefeuilles gérés activement et réinvestissement automatique de vos dividendes. Courtage direct de façon autonome et pas de frais à l'achat de FNB. Possibilité d'utiliser la méthode **Norbert's Gambit** pour convertir l'argent CAD en US sans frais de conversion et ainsi acheter des actions et FNB américains directement en dollars US. Les frais fixes de 4,95 à 9,95 $ pour les transactions de courtage autonome (sauf pour l'achat de FNB) deviennent avantageux lorsqu'on transige de grandes quantités.

Inconvénients : Dépôt minimum requis de 1 000 $ dans un portefeuille Questwealth et pour le courtage direct. Les frais fixes de 4,95 à 9,95 $ pour les transactions de courtage autonome (sauf pour l'achat de FNB) ne sont pas avantageux pour transiger de petites quantités d'actions. Site internet et application en anglais seulement.

Si vous vous inscrivez avec ce lien de référence, vous obtiendrez un mois de gestion gratuit pour un portefeuille Questwealth et des remises en argent pour un compte de courtage, en fonction des montants investis :

https://start.questrade.com/?oaa_promo =726126457446933&s_cid=RAF14_sh are_link_refer_a_friend_email&utm_m edium=share_link&utm_source=refer_a _friend&utm_campaign=RAF14&utm_ content=email

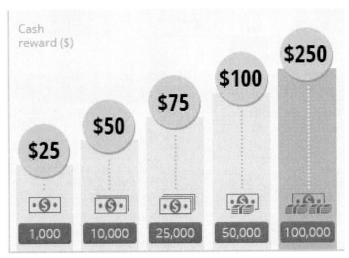

WEALTHSIMPLE INVEST

Wealthsimple inc. est une compagnie de gestion de placement fondée à Toronto en 2014, qui est détenue à 70 % par **Power Corporation**. Comme le dit son nom, Wealthsimple Invest est un robot-conseiller **simple d'utilisation**. Sur demande, vous aurez également accès à des conseils financiers. Wealthsimple, comme les autres robots-conseillers, construit votre portefeuille en choisissant une allocation d'actifs en fonction de vos besoins et de votre tolérance au risque. Les transferts de vos placements vers Wealthsimple dont la valeur est supérieure à 5 000 $ sont admissibles au remboursement des frais de transfert. Vous n'avez qu'à remplir une demande en ligne.

Tarification :

Dépôts de 0 à 100 000 $: 0,5 % + RFG

Dépôts de 100 000 $ et plus : 0,4 % + RFG

Ratios de frais de gestion (RFG) : environ 0,2 %

Types de comptes : CELI, REER, REEE, FERR et autres.

Avantages : Aucun dépôt minimum. Site internet et application bilingues. Inclut aussi **Wealthsimple Trade**, **Wealthsimple Crypto** et **Wealthsimple Impôt**, tous faciles d'utilisation.

Inconvénients : Frais légèrement plus élevés que Questrade et rendement légèrement inférieur pour le portefeuille le plus agressif (7 à 10 % environ).

Si vous vous inscrivez avec ce lien de référence, vous obtiendrez la gestion gratuite pendant un an de 20 000 $ investis :

https://wealthsimple.com/invite/MS8E WG

WEALTHSIMPLE TRADE

Autre service de **Wealthsimple inc.**, Wealthsimple Trade permet d'effectuer des **opérations boursières sans commission**s, d'acheter et de vendre des milliers d'actions et de fonds négociés en bourse (FNB) sur les principaux marchés canadiens et américains. Seul le taux de change pour les actions et FNB américains (en $US) possède un frais de 1,5 % à l'achat et à la vente, mais en conservant vos actions sur le long terme, ces frais seront minimes comparativement au rendement à la vente.

L'option **Trade Plus** à 10 $ par mois permet d'ouvrir des comptes en dollars US, de recevoir des alertes de prix illimitées et de faire des dépôts instantanés de 5 000 $. En plus, l'aperçu des cotes est disponible en temps réel, plutôt qu'avec un délai de 15 minutes dans la version standard.

Types de comptes : CELI, REER et compte personnel non enregistré.

Avantages : Transactions illimitées, sans commissions. Aucun solde minimal de compte. Surveillance facile de vos actions et FNB sur l'application bilingue et simple à utiliser. Jusqu'à 5 alertes de prix (illimitées avec Trade Plus). Possibilité de transiger des fractions d'actions pour certains titres plus coûteux. Dépôt instantané jusqu'à 1 500 $ (jusqu'à 5 000 $ avec Trade Plus). Inclut aussi **Wealthsimple Crypto**.

Inconvénients : Frais de 1,5 % à l'achat et à la vente pour les actions et FNB en $US (sauf dans un compte en dollars US avec Trade Plus). 3 jours ouvrables pour les dépôts de plus de 1 500 $ (ou 5 000 $ avec Trade Plus). Délai de 15 minutes entre les cours réels et l'application (sauf avec Trade Plus).

Si vous vous inscrivez avec ce lien de référence, vous obtiendrez l'équivalent de 2 actions gratuites (pour le Québec, l'équivalent fixe d'une action d'une valeur maximale de 25 $) :

https://my.wealthsimple.com/app/public/trade-referral-signup?code=6L9KGA

Le Fonds de solidarité FTQ est une institution unique au monde née en 1983. C'est la **Fédération des travailleurs du Québec** (FTQ), la plus grande centrale syndicale québécoise, qui a lancé le Fonds de solidarité FTQ, une toute nouvelle catégorie d'actifs : les fonds de travailleurs.

Le Fonds FTQ est une bonne idée née à une époque où une sévère récession frappait le Québec. En 1982, l'inflation atteignait 11,5 % et les taux d'intérêt dépassaient les 20 %. Dans certaines régions, le nombre de chômeurs et d'assistés sociaux représentait 40 % de la population et un jeune québécois sur cinq ne travaillait pas. Le premier ministre de l'époque, **René Lévesque**, a donc décidé de tenir un sommet d'urgence à propos du développement socio-économique du Québec. C'est alors que la FTQ sous la direction de **Louis Laberge** a proposé de créer un fonds d'investissement pour soutenir l'emploi, géré conjointement par le gouvernement, les syndicats et le patronat.

Au 30 novembre 2021, le Fonds FTQ aura investi dans **3 437 entreprises** et aura créé ou maintenu plus de **247 600 emplois**. La plus grande part des **18,3 milliards de dollars d'actifs** était concentrée dans des investissements en capital de développement.

Voici la répartition approximative de l'actif du Fonds au 30 novembre 2021 :

- 48 % : titres privés et fonds spécialisés
- 28 % : titres à revenus variables (marchés boursiers)
- 19 % : titres à revenus fixes (obligations)
- 5 % : titres cotés (dont des PME)

Un des points forts du Fonds FTQ est sa **grande diversification par secteurs** : énergie, matériaux, industriel, consommation, finance, immobilier, technologie, santé, etc. Cependant, d'un point de vue géographique, il y a surpondération puisque **70 % de ses investissements sont concentrés au Québec**. Heureusement, le Québec a fait preuve d'une très bonne performance au cours des 20 dernières années.

Les fonds de travailleurs en général (REER+) sont reconnus pour leurs **crédits d'impôt de 30 %** (15 % au fédéral et 15 % au provincial), pour une contribution maximale annuelle de 5 000 $ (1 500 $ de retour d'impôt additionnel). Par le fait même, un des avantages des fonds de travailleurs est le rendement plus élevé dès la première année. Dans le cas du Fonds FTQ, depuis 2012, il a toujours réalisé un rendement annuel positif, même au cœur de la pandémie.

Le rendement annuel composé du Fonds FTQ se chiffre à 10,2 % sur trois ans, 9,08 % sur cinq ans et 7,94 % sur 10 ans, excluant les crédits impôt (avec les crédits d'impôt, le rendement représente 15,64 % sur 10 ans). En 2021, le Fonds FTQ a eu une année record avec un **rendement de 20,3 %**. Au 30 novembre 2021, la valeur de l'action de catégorie C du Fonds (révisée chaque semestre) était de **55,77 $**.

Compte tenu du plafond aux cotisations des fonds de travailleurs imposé par le gouvernement, le Fonds FTQ a créé les **FlexiFonds** en 2019, des fonds communs de placement répliquant en bonne partie les actions de catégorie C du Fonds FTQ. Les détenteurs de ces fonds profitent des mêmes avantages qu'avec le Fonds FTQ, sauf pour le crédit d'impôt de 30 %. En plus, on peut se procurer des FlexiFonds dans un compte CELI ou dans un compte REER. Trois FlexiFonds sont proposés en fonction de sa tolérance au risque.

FlexiFonds prudent :

- 30 % : actions de catégorie C du Fonds FTQ
- 55 % : titres à revenus fixes (obligations)
- 5 % : actions de sociétés québécoises
- 10 % : actions internationales

FlexiFonds équilibré :

- 30 % : actions de catégorie C du Fonds FTQ
- 40 % : titres à revenus fixes (obligations)
- 10 % : actions de sociétés québécoises
- 20 % : actions internationales

FlexiFonds croissance :

- 30 % : actions de catégorie C du Fonds FTQ
- 25 % : titres à revenus fixes (obligations)
- 15 % : actions de sociétés québécoises
- 30 % : actions internationales

Les frais de gestion des FlexiFonds sont de 1,28 % après les taxes applicables. Les FlexiFonds sont vendus principalement en ligne et ils ne sont pas disponibles auprès des courtiers à escompte.

Depuis de nombreuses années, le Fonds FTQ prend des décisions de placement en fonction de **critères ESG** (environnement, social et gouvernance), des critères qui deviennent de plus en plus populaires aujourd'hui. Le portefeuille investi au Québec (70 %) évite l'énergie fossile. Des 30 % restants, le Fonds s'est retiré du charbon énergétique et des sables bitumineux. Il ne reste qu'une participation dans Trencap, une société d'oléoducs de gaz et de pétrole.

Les dirigeants du Fonds FTQ adoptent une approche douce : ils tentent de convaincre leurs sociétés cibles d'adopter des pratiques éthiques, sinon le Fonds se retire. Le fonds n'investit pas dans les sociétés d'armement ou de tabac, et applique des principes d'impacts extra-financiers.

En conclusion, un investissement auprès du Fonds de solidarité FTQ encourage l'économie québécoise avant tout, en plus de respecter les critères ESG. Les rendements sont quand même intéressants sur le long terme, mais c'est au moment de la cotisation que c'est le plus payant, grâce au crédit d'impôt de 30 %. Cependant, il ne faut pas perdre de vue que ce crédit n'est applicable qu'à 5 000 $ par année, et ce pour l'ensemble des fonds de travailleurs (pour un maximum de 1 500 $ de retour d'impôt additionnel). Aussi, les sommes investies au Fonds FTQ ne seront pas disponibles avant la retraite, donc il est important de considérer d'autres outils pour un fonds d'urgence ou des projets à moins long terme.

Fondaction a été lancé en 1996 par la **Confédération des syndicats nationaux** (CSN), l'autre grande centrale syndicale québécoise, réputée plus à gauche que la FTQ. Fondaction visait alors clairement à **appuyer le développement social** et pas seulement économique. À l'époque, c'était vu par nombre de spécialistes comme un désavantage puisqu'on doutait qu'investir dans l'économie sociale puisse se traduire par des rendements intéressants, surtout pour la retraite. Cependant, cette orientation en fait aujourd'hui son principal atout.

Tout en investissant très majoritairement au Québec, Fondaction est devenu une référence internationale en matière d'**investissement responsable**. Fondaction était le seul investisseur québécois à faire partie du **Sommet sur les changements climatiques (COP 26)** à Glasgow en octobre 2021. Elle est aussi la seule institution canadienne à siéger au Conseil des investisseurs du **Global Impact Investing Network** (GIIN), la référence mondiale en investissement responsable.

À ce jour, Fondaction a investi dans environ **2 500 entreprises**, dont 188 investissements directs. Fondaction comptait **194 600 actionnaires** au 30 novembre 2021, pour un **actif net de 3,34 milliards**. La valeur de l'action, (révisée chaque semestre), atteignait **16,46 $** au 23 décembre 2021.

Fondaction a investi en 2020-2021 un milliard de dollars dans 289 PME, coopératives, ou OBNL, permettant le maintien ou la création de 59 224 emplois, pour des recettes fiscales de 261,5 M$.

Voici la répartition approximative de l'actif du fonds :

- 45 % : titres privés et fonds spécialisés
- 25 % : placements privés
- 20 % : titres à revenus fixes (obligations)
- 10 % : titres d'entreprises québécoises cotées en bourse

Fondaction représente aujourd'hui un excellent placement (REER+). Le rendement de 2021 a même dépassé **22 %**, un record. Le rendement composé annuel est de 11,6 % sur trois ans, 9 % sur cinq ans et 5,9 % sur 10 ans.

Dans son rapport annuel, Fondaction décrit une grille d'analyse de **35 critères ESG** sur lesquels les gestionnaires se basent pour sélectionner leurs placements, développés par le GIIN : pauvreté, lutte contre la faim, accès à la santé et à l'éducation de qualité, égalité des sexes, eau propre, énergie propre et abordable, travail décent, économie circulaire, lutte aux GES, protection de la faune et de la flore, et plusieurs autres. Pour donner l'exemple, Fondaction a atteint la **parité homme-femme** à toutes ses instances. **Caroline Senneville** est présidente du conseil d'administration et **Geneviève Morin** est présidente et directrice générale.

Fondaction a sélectionné des domaines économiques où elle entend réaliser le plus d'impacts : l'agroalimentaire durable, la lutte contre les changements climatiques, les villes et communautés durables, la santé et le bien-être. En 2015, Fondaction s'est départie de tous ses titres de sociétés dans les énergies fossiles.

Fondaction a aussi contribué à mettre sur pied des organismes comme la **Société de financement et d'accompagnement en performance énergétique** (SOFIAC) (qui aide les organisations à augmenter leur efficacité énergétique en abandonnant notamment les énergies fossiles), le **Fonds économie circulaire** (qui vise la réduction des GES en investissant dans les PME en démarrage), ainsi que le **Fonds Coop Accès Proprio** (qui investit dans un nouveau concept de coopératives d'habitation regroupant des propriétaires, dont de jeunes familles).

En conclusion, avec un investissement dans Fondaction, vous encouragez non seulement l'économie québécoise, mais aussi l'investissement responsable selon de nombreux critères ESG. Comme pour le Fonds FTQ, les rendements sont intéressants sur le long terme, mais c'est au moment de la cotisation que c'est le plus payant, grâce au crédit d'impôt de 30 %. N'oubliez surtout pas que ce crédit ne s'applique qu'à 5 000 $ par année pour l'ensemble des fonds de travailleurs et que les sommes d'un REER+ ne sont pas accessibles avant la retraite (sauf pour l'achat d'une première propriété, un retour aux études ou autres rares exceptions).

Épargne Placements Québec propose plusieurs solutions d'épargne et de placements, tant dans un compte CELI que dans un REER. Voici la liste des produits offerts :

- Obligations à taux progressif
- Obligations à taux fixe
- Obligations vertes à taux fixe (terme de 5 ans)
- Obligations Sécuri+
- Obligations boursières (terme de 5 ou 10 ans)
- Obligations d'épargne (mises en vente 2 fois par année)
- Épargne Flexi-Plus
- Plan Épargne Périodique (PEP) par prélèvements
- Plan Épargne Périodique (PEP) sur le salaire

Vous trouverez ici les taux en vigueur (https://epq.gouv.qc.ca/taux-en-vigueur/taux-en-vigueur/), mais disons que la majorité des produits ne présentent que peu d'avantages pour un rendement efficace sur le long terme. Le principal avantage demeure le capital qui est entièrement garanti.

Ce sont les obligations boursières, qui suivent l'indice Québec 30 avec un terme de 5 ou 10 ans, qui ont le plus grand potentiel à long terme. Vous trouverez donc toutes les informations nécessaires concernant les obligations boursières du Québec ici :

https://epq.gouv.qc.ca/produits-offerts/obligations-boursiere/

Rendement antérieur de l'indice Québec 30

Rendements annualisés antérieurs	1 an	3 ans	5 ans	10 ans
En date du 22 juin 2021	34,89 %	7,68 %	9,86 %	9,66 %

Historique de l'indice Québec 30

Il est très facile de transférer des fonds de votre compte bancaire vers Épargne Placements Québec et vice-versa. La transaction devrait être complétée en 24 heures environ. Il est aussi possible de transférer facilement des fonds d'un compte à l'autre à l'intérieur même d'Épargne Placements Québec. Il faut seulement faire attention de ne pas transférer par erreur des fonds à partir d'un compte REER, puisque ce montant s'ajoutera à vos revenus et deviendra imposable pour l'année en cours.

ROBOTS-CONSEILLERS

En plus des portefeuilles Questwealth de **Questrade** et **Wealthsimple Invest** décrits précédemment, voici une liste d'autres robots-conseillers :

ModernAdvisor : Fondé en 2013 en Colombie-Britannique. Frais de gestion de 0,5 % pour la première tranche de 100 000 $ investis (aucun frais en bas de 10 000 $). Ratio de frais de gestion variant entre 0,12 et 0,34 %. Dépôt minimum de 1 000 $.

Nest Wealth : Fondée à Toronto en 2014, Nest Wealth est la plus grande plateforme numérique indépendante de gestion de patrimoine au Canada. Frais de gestion de 25 $/mois pour la première tranche de 75 000 $ investis (5 $/mois en bas de 10 000 $). Ratio de frais de gestion moyen de 0,13 %.

RBC Investi-Clic : Service de gestion des placements en ligne de la Banque Royale. Frais de gestion annuels de 0,5 %, plus les taxes de vente applicables. Ratio de frais de gestion variant entre 0,11 et 0,23 %. Dépôt minimum de 100 $.

iA Patrimoine Conseil (anciennement Invisor) : La plateforme-conseil numérique iA Patrimoine Conseil est une division de Gestion privée de patrimoine d'Industrielle Alliance. Frais de gestion annuels de 0,5 %. Dépôt minimum de 1 000 $.

Justwealth : Justwealth Financial inc. a été fondée à Toronto en 2015. Frais de gestion annuels de 0,5 % pour la première tranche de 500 000 $ investis (minimum de 4,99 $/mois). Ratio de frais de gestion moyen de 0,25 %. Dépôt minimum de 5 000 $ (sauf dans un REEE).

InvestCube (Banque Nationale) : Placements en formule tout inclus de la Banque Nationale. Aucune commission sur les transactions, mais frais de rééquilibrage de 0,5 % pour la première tranche de 250 000 $ investis. Dépôt minimum de 10 000 $.

Investissement Direct CI : CI Financial a pris le contrôle de WealthBar en 2020. Frais de gestion de 0,6 % pour la première tranche de 150 000 $ investis. Aucun dépôt minimum.

VirtualWealth : Service de conseil en ligne de Credential Qtrade Securities inc., formé à Vancouver. Frais de gestion de 0,6 % pour la première tranche de 100 000 $ investis. Dépôt minimum de 2 000 $.

Portefeuille Futé BMO : Service de gestion de portefeuille en ligne de la Banque de Montréal. Frais de gestion de 0,7 % pour la première tranche de 100 000 $ investis. Ratio de frais de gestion variant entre 0,20 et 0,35 %. Dépôt minimum de 1 000 $.

SteadyHand : Steadyhand Investment Funds inc. a été incorporé à Vancouver en 2006. Dépôt minimum de 10 000 $.

PLATEFORMES DE COURTAGE

En plus de **Wealthsimple Trade** et **Questrade** décrites précédemment, voici une liste d'autres plateformes de courtage :

Desjardins Courtage en ligne (anciennement Disnat) : Aucun frais de transaction pour l'achat et la vente d'actions et FNB. Aucun dépôt minimum.

Banque Nationale Courtage Direct : Aucun frais de transaction pour l'achat et la vente d'actions et FNB. Aucun dépôt minimum.

Investissement Direct CI : CI Financial a pris le contrôle de WealthBar en 2020. Achat gratuit pour les FNB. Achat d'actions et vente d'actions/FNB à 0,01 $/action (minimum 1,99 $/ordre et maximum 7,99 $). Dépôt minimum de 1 000 $.

Interactive Brokers : Interactive Brokers LLC est un courtier en ligne fondé aux États-Unis en 1978. Il permet d'investir mondialement (135 marchés, 33 pays et 23 devises). Achat et vente d'actions et FNB à 0,01 $/action (minimum 1 $/ordre et maximum 0,5 % de la valeur de la transaction). Dépôt minimum de 1 000 $.

HSBC InvestDirect : HSBC InvestDirect est la plateforme de courtage en ligne de HSBC Securities (Canada) inc., une filiale en propriété exclusive mais distincte de la Banque HSBC Canada. 6,88 $ par transaction pour l'achat et la vente d'actions et FNB. Aucun dépôt minimum.

Pro-Investisseurs CIBC : 6,95 $ par transaction pour l'achat et la vente d'actions et FNB. Aucun dépôt minimum.

Qtrade Investissement Direct : Plateforme de courtage de Credential Qtrade Securities inc., formé à Vancouver. 8,75 $ par transaction pour l'achat et la vente d'actions et FNB, sauf pour une sélection de 100 FNB (gratuit). Aucun dépôt minimum.

BMO Ligne d'action : 9,95 $ par transaction pour l'achat et la vente d'actions et FNB, sauf pour une sélection de FNB populaires (gratuit). Aucun dépôt minimum.

RBC Placements en Direct : 9,95 $ par transaction pour l'achat et la vente d'actions et FNB. Aucun dépôt minimum.

Courtage à escompte Banque Laurentienne : 9,95 $ par transaction pour l'achat et la vente d'actions et FNB. Aucun dépôt minimum.

Placements directs TD : 9,99 $ par transaction pour l'achat et la vente d'actions et FNB. Aucun dépôt minimum.

Scotia iTrade : 9,99 $ par transaction pour l'achat et la vente d'actions et FNB. Aucun dépôt minimum.

BANQUES CANADIENNES

Vous trouverez évidemment une panoplie d'outils de placement dans les principales banques canadiennes :

Mouvement Desjardins : Fondée en 1900 à Lévis, Desjardins est la 1re institution financière coopérative du Canada. 7 millions de membres et clients. 1re institution financière canadienne signataire des Principes bancaires responsables. 445 M$ retournés aux membres et à la collectivité.

Banque Nationale du Canada (BNC) : Fondée en 1859 à Québec, la BNC est l'une des principales institutions bancaires au Québec. Elle compte des succursales dans la plupart des provinces canadiennes et, par l'intermédiaire de ses bureaux de représentation, de ses filiales et de ses alliances, elle est présente aux États-Unis, en Europe et ailleurs dans le monde.

Banque de Montréal (BMO) : Fondée en 1817 à Montréal, la BMO est la plus ancienne banque à charte canadienne. La banque exploite 1 100 succursales à travers le Canada.

Banque Laurentienne du Canada (BLC) : Fondée en 1846 à Montréal, la banque Laurentienne se démarque par son savoir-faire auprès des petites et moyennes entreprises et des promoteurs immobiliers, grâce à ses équipes spécialisées situées partout au Canada.

Banque Royale du Canada (RBC) : Fondée à Halifax en 1864, la RBC est la plus importante banque à charte du Canada en matière d'actifs et de capitalisation boursière. L'une des principales sociétés de services financiers diversifiés en Amérique du Nord.

Banque Toronto-Dominion (TD) : Une des plus importantes institutions financières au Canada, la banque TD a été la première banque canadienne provenant de Toronto lors de sa fondation en 1855. Elle a aussi des opérations importantes aux États-Unis et elle est l'une des grandes compagnies dans le domaine des assurances au Canada.

Banque canadienne impériale de commerce (CIBC) : Fondée en 1867 à Toronto, la CIBC dessert plus de 11 millions de clients et a plus de 40 000 employés. Elle détient des opérations dans plusieurs régions telles que les États-Unis, les Caraïbes, l'Asie et l'Europe.

Banque de Nouvelle-Écosse (Scotia) : Fondée en 1832 à Halifax, la banque Scotia est l'une des plus importantes institutions financières en Amérique du Nord et la plus internationale des banques canadiennes.

Tangerine : Fondée en 1997 sous le nom de ING Direct Canada, la banque en ligne canadienne a été achetée par la Banque de Nouvelle-Écosse en 2012 avant de devenir Tangerine. En tant que banque en ligne, les relations avec les clients se font essentiellement via navigateur web, ce qui lui permet de s'éviter de nombreux frais associés à des succursales.

Conclusion

Comme vous avez pu le constater dans les dernières pages, il est de plus en plus facile de prendre en charge sa santé financière et de planifier sa retraite de façon autonome. Cependant, un conseiller financier vous aidera toujours à prendre les meilleures décisions. Dans tous les cas, il est important de bien s'informer, en lisant sur le sujet, en suivant l'actualité économique, et surtout, en faisant un suivi étroit de son budget et de ses investissements.

Se fixer des objectifs est primordial et il est important d'apporter des ajustements au plan initial si nécessaire, pour ne pas perdre de vue les objectifs (par exemple par un rééquilibrage de son portefeuille d'actions suite à des variations importantes du marché boursier, un changement de situation familiale, une perte d'emploi, une maladie, etc.).

Un bon fichier Excel demeure une excellente façon de suivre ses actions et FNB, surtout qu'on peut y ajouter tous les calculs automatiques que l'on veut. Les données boursières peuvent y être intégrées automatiquement pour toutes les actions et FNB que vous voulez, ce qui permet un suivi en temps réel de la situation de votre portefeuille et d'autres actions que vous surveillez.

Avant de terminer, voici quelques exemples intéressants, prouvant l'importance de commencer tôt à investir. D'abord, un investissement de seulement 1 000 $ peut atteindre 1 million $ après 73 ans, avec un taux de rendement annuel de 10 %. Vous pouvez donc imaginer si ce 1 000 $ est bien investi dès l'âge de 18 ans et que des sommes additionnelles, même minimes, y sont ajoutées sur une base régulière.

Vous vous dites certainement que vous ne pouvez attendre si longtemps avant d'atteindre un million $ et que 10 % sur toute la période c'est trop optimiste. Prenons donc un exemple plus réaliste. Si vous investissez 15 000 $ aujourd'hui et que vous ajoutez un dépôt mensuel de 500 $ (6 000 $ par an), à un taux de rendement annuel réaliste de 7 %, vous atteindrez 1 million $ en 35 ans. Ajoutez à cette somme le réinvestissement de retours d'impôt, des subventions des gouvernements (Fonds de travailleurs, REEE, etc.) et toutes autres sommes économisées plutôt que de les dépenser, puis vous atteindrez 1 million $ beaucoup plus rapidement. Un bon truc si vous avez un revenu imposable dans la moyenne ou plus : maximisez d'abord votre REER jusqu'à la fin de février et réinvestissez le retour d'impôt dans votre CELI à haut rendement.

Un outil intéressant pour faire vos propres calculs est la calculatrice d'intérêts composés de **Hardbacon** :

https://hardbacon.ca/fr/calculatrice/calculatrice-interets-composes/

Évidemment, peu importe vos objectifs, la discipline sera de mise, mais lorsque l'on voit l'évolution de nos avoirs sur une base régulière, une grande motivation s'installe, ce qui nous pousse à garder le cap. Il faut simplement éviter de laisser toute la place à nos émotions, ce qui risque de nous faire prendre de mauvaises décisions, en vendant trop rapidement certains avoirs par exemple.

Je vous souhaite la santé financière et de belles années d'investissements qui vous permettront une longue retraite confortable.

Richard Dion

Livres de référence

NICOLAS BÉRUBÉ
Les millionnaires ne sont pas ceux que vous croyez (2019)

Comment décririez-vous la vie d'un millionnaire? Conduirait-il un VUS électrique? Habiterait-il un loft haut perché ou une maison avec des tourelles? Sur les relevés de ses cartes de crédit, trouverait-on des achats de vêtements chics? Des repas dans des restaurants à la mode? Ces gens existent, bien sûr, mais la plupart de ceux qui mènent ce genre de vie ne sont pas millionnaires. Et la majorité des « vrais » millionnaires ne se reconnaîtraient pas dans cette description.

Ce livre raconte les parcours de Québécois ordinaires ayant une valeur nette de plus d'un million de dollars ou qui, pour les plus jeunes, s'en rapprochent après avoir mis en place des principes rendant l'accumulation de la richesse inévitable. Ces gens sont propriétaires de boutiques, ingénieurs, spécialistes en marketing, comptables ou propriétaires d'immeubles d'habitation. Ils n'ont pas remporté le gros lot, n'ont pas hérité d'une fortune ni vendu leur compagnie à Google. Certains touchent un salaire de 30 000 $ par année et d'autres un peu plus de 100 000 $, mais aucun n'a un salaire de PDG. Presque tous sont mal à l'aise avec l'étiquette de millionnaire. Les millionnaires ne sont pas ceux que vous croyez.

Nicolas Bérubé est journaliste. Il travaille pour La Presse depuis 2002. Il a vécu durant sept ans (2006-2013) à Los Angeles en Californie en tant que premier correspondant du quotidien dans l'Ouest américain. Il a été finaliste au Prix Michener pour avoir coréalisé une enquête sur des lacunes dans la sécurité du métro de Montréal. Les millionnaires ne sont pas ceux que vous croyez est son premier livre.

NICOLAS BÉRUBÉ
De zéro à millionnaire : investir en Bourse sans souffrir (2022)

L'univers de l'investissement boursier regorge de mythes, d'idées reçues et de croyances inquiétantes. Au moment où les Québécois n'ont jamais été aussi nombreux à transiger à la Bourse, le nouveau livre de Nicolas Bérubé, auteur du bestseller *Les millionnaires ne sont pas ceux que vous croyez*, révèle comment n'importe quel investisseur peut s'enrichir et battre les pros à la Bourse en y investissant moins de 15 minutes par année.

En utilisant des exemples accrocheurs comme le vol méconnu de la Joconde, la catastrophe boursière d'**Isaac Newton**, ou encore l'erreur commise par l'un des plus grands investisseurs du monde, l'auteur parvient à transformer un sujet qui peut être en apparence aride en un parcours captivant à travers l'histoire, la psychologie et la finance.

À l'aide des toutes dernières études, l'auteur identifie les bonnes façons d'investir, et donne des conseils concrets pour se lancer ou prendre ses placements en main dès aujourd'hui. Contrairement à la nanotechnologie ou au génie civil, investir est une activité simple, que toute une industrie s'acharne à vouloir rendre compliqué pour justifier son existence. Ce livre donne les outils pour le comprendre et le goût de mieux gérer ses placements.

Nicolas Bérubé est journaliste. Il travaille pour La Presse depuis 2002. Il a vécu durant sept ans (2006-2013) à Los Angeles en Californie en tant que premier correspondant du quotidien dans l'Ouest américain. Il a été finaliste au Prix Michener pour avoir coréalisé une enquête sur des lacunes dans la sécurité du métro de Montréal. De zéro à millionnaire : investir en Bourse sans souffrir est son deuxième livre.

MARC BLAIS
Investir intelligemment, penser autrement!
(2020)

Ce livre s'adresse à tous ceux qui souhaitent atteindre plus facilement leurs objectifs financiers, des jeunes qui entrent sur le marché du travail jusqu'aux retraités en passant par ceux qui mènent leur métier ou leur carrière depuis déjà un certain temps. Dans ce guide, vous découvrirez :

- quels types d'investissements vous conviennent;

- comment investir à votre façon et en maîtriser l'art;

- la situation économique telle qu'elle est actuellement, au-delà des rapports officiels;

- les stratégies d'investissement gagnantes des milliardaires et des plus grands investisseurs et gestionnaires de fonds au monde;

- comment vous protéger contre la crise financière et sociale actuelle.

Apprenez à simplifier vos décisions en matière d'investissements en tenant compte de votre personnalité et de vos propres expériences de vie.

Marc Blais compte plus de 40 ans d'expérience en matière d'investissements à titre de planificateur financier, conseiller en fonds de placement, ainsi que membre et président du conseil d'administration de plusieurs sociétés cotées à la Bourse. Il est membre de l'Ordre des comptables professionnels agréés du Québec et conférencier dans les domaines de l'investissement, des finances et du développement personnel.

WARREN BUFFETT
100 conseils pour investir (2017)

Le sage d'Omaha, comme il est surnommé, est réputé pour appliquer une méthode d'investissement sage et à contre-courant de l'agitation des marchés.

Nous avons choisi de réunir 100 de ses plus précieux conseils, de les détailler et d'y joindre des citations de Warren Buffett, pour ne pas trahir sa pensée. Les conseils sont classés selon les grandes thématiques de l'investissement et de l'entreprise.

L'objectif de ce livre est de recevoir un cours d'investissement et de business de la part de celui qui a construit un empire immense, et qui est réputé pour sa sagesse.

Warren Buffett a construit son empire en appliquant les conseils qui sont présents dans ce livre, et qu'il a prodigués tout au long de sa carrière dans des conférences, des interviews et dans sa fameuse lettre annuelle aux actionnaires de sa société, Berkshire Hathaway.

Warren Buffett est né en 1930 à Omaha, Nebraska, d'origine lointaine huguenote française. Buffett est diplômé de l'école secondaire Woodrow Wilson en 1947. Il a établi divers standards de vie simples malgré sa richesse. Même s'il est reconnu comme le troisième homme le plus riche du monde avec une fortune de 46 milliards de dollars, l'investisseur Warren Buffett, le « sorcier d'Omaha », vit toujours dans la même maison modeste qu'il a achetée en 1958 pour 31 500 $ seulement.

WARREN BUFFETT
*Investment Lessons
From Warren Buffett*
(2020)

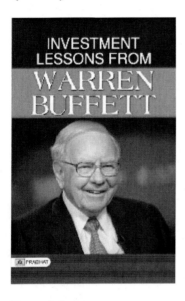

En anglais

Warren Buffett est l'investisseur le plus prospère et le plus suivi au monde. Il a toujours été l'une des personnes les plus riches du monde. En plus d'être le plus riche, il est l'une des personnes les plus connues pour le don de richesse personnelle.

Buffett a manifesté un intérêt pour les affaires et l'investissement à un jeune âge. Alors qu'il était encore au secondaire, il a gagné de l'argent en livrant des journaux, en vendant des balles de golf et des timbres et en détaillant des voitures, entre autres. Il a formé Buffett Partnership Ltd. en 1956 et en 1965, il a pris le contrôle de Berkshire Hathaway.

En 2008, Buffett est devenu la personne la plus riche du monde, avec une valeur nette totale estimée à 62 milliards de dollars par Forbes et à 58 milliards de dollars par Yahoo, dépassant Bill Gates, qui avait été numéro un sur la liste Forbes pendant 13 années consécutives. Buffett est réputé pour son esprit et sa sagesse.

Warren Buffett est né en 1930 à Omaha, Nebraska, d'origine lointaine huguenote française. Buffett est diplômé de l'école secondaire Woodrow Wilson en 1947. Il a établi divers standards de vie simples malgré sa richesse. Même s'il est reconnu comme le troisième homme le plus riche du monde avec une fortune de 46 milliards de dollars, l'investisseur Warren Buffett, le « sorcier d'Omaha », vit toujours dans la même maison modeste qu'il a achetée en 1958 pour 31 500 $ seulement.

RAPHAËL CARTENI
La magie des dividendes
(2020)

Apprenez à gagner de l'argent sur les marchés financiers et cela même si vous n'avez jamais investi auparavant. Êtes-vous prêt à toucher une partie des milliards de dividendes qui sont distribués chaque année?

Ce livre vous apprendra les moindres rouages pour commencer à gagner de l'argent sur les marchés financiers et encaisser de généreux dividendes peu importe votre âge ou le capital que vous avez à disposition. Rejoignez les milliers d'investisseurs intelligents qui ont profité des enseignements de ce livre.

Né en 1993 à Epernay, Raphaël Carteni a grandi avec sa soeur dans une famille, ni pauvre, ni riche, ne manquant de rien. Après un baccalauréat scientifique, il décide de poursuivre des études de médecine et en fera cinq années avant d'arrêter. La routine et le stress du « métro-boulot-dodo » n'étaient pas faits pour lui, ses libertés d'action, de temps et de mouvement étant bien trop importantes à ses yeux.

C'est alors qu'il commença à emprunter le chemin de l'entreprenariat à travers des piliers d'enrichissement éprouvés : la création d'entreprise, l'immobilier et la bourse. Ces piliers travaillés de manière intelligente, avec une volonté première de créer des systèmes et de les automatiser, lui ont permis d'atteindre l'indépendance financière en moins de trois ans, d'arrêter ses études de médecine à l'âge de 23 ans et de devenir millionnaire avant ses 30 ans.

DAVID DESCÔTEAUX & IAN SÉNÉCHAL
D'endetté à millionnaire (2017)

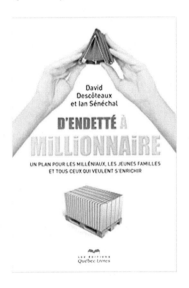

Des milliers de Québécois ont un besoin urgent de sortir de l'endettement chronique et d'accumuler des économies pour leur retraite. Bonne nouvelle : tu peux y arriver, peu importe ton âge ou ton salaire, mais tu devras y mettre les efforts.

Dans ce livre, tu apprendras, entre autres :

- comment éviter (légalement) de payer des impôts;

- comment assainir tes finances en t'imposant le Protocole d'austérité;

- quoi faire, dans l'ordre, si tu fondes une famille;

- comment t'enrichir grâce au plus gros cadeau du gouvernement : le REEE;

- les bases de la négociation et comment gérer toi-même tes placements;

- comment utiliser intelligemment le REER et le CELI, et faire un pied de nez au fisc!

Voici des actions concrètes, faciles à mettre en application et à la portée de tous. Le but est de t'offrir un guide agréable à lire, mais qui couvre l'ensemble de tes besoins de base. Même s'il est destiné avant tout au néophyte, les connaisseurs y trouveront plusieurs idées originales.

David Descôteaux est l'auteur de la série de livres Économie et finance pour enfants et a également écrit le guide sur les finances personnelles D'endetté à millionnaire et un essai (L'argent des autres). Il a publié dans les magazines Commerce et Affaires Plus, L'actualité, Les Affaires, ainsi que dans le journal Métro, le Journal de Montréal et le Journal de Québec. Il travaille en ce moment sur son premier roman.

STÉPHANE DESJARDINS

Le courtage en ligne : petit guide pour l'investisseur autonome (2019)

Journaliste financier chevronné et investisseur averti, Stéphane Desjardins explique dans ce guide tout ce qu'il faut savoir sur les stratégies à adopter, les approches à privilégier et les pièges à éviter pour gérer ses placements intelligemment.

Comment se constituer un « trésor de guerre »? Quelle attitude adopter devant les soubresauts du marché? Peut-on — et devrait-on — emprunter pour investir? Quels indicateurs surveiller quand on détient des titres? Et bien sûr, le dilemme éternel : quand vendre et quand acheter? *Le courtage en ligne* répond à toutes ces questions et à bien d'autres.

Stéphane Desjardins est journaliste depuis près de 30 ans. Il est chroniqueur au Journal de Montréal et au Journal de Québec pour la section Argent et collabore à de nombreux médias. Il a été directeur du magazine Québec inc., rédacteur en chef du journal Finance et Investissement et directeur adjoint de la franchise Argent de TVA Nouvelles. Il est également l'un des auteurs de 99 trucs pour s'enrichir.

L'argent qui dort se déprécie, et placer soi-même son épargne en bourse est un bon moyen de la faire fructifier. En revanche, personne ne devrait se lancer dans l'aventure de l'investissement autonome sans avoir fait ses devoirs. Bien des particuliers qui n'avaient pas acquis les connaissances et les compétences requises pour acheter et vendre des actions y ont perdu leur chemise!

CHARLES D. ELLIS
Winning the Loser's Game – Eighth Edition (2021)

En anglais

Le guide définitif du succès des investissements à long terme, entièrement mis à jour pour répondre aux réalités des marchés d'aujourd'hui.

La technologie, la surcharge d'informations et la domination croissante du marché par des investisseurs experts et des ordinateurs rendent plus difficile que jamais de produire des résultats d'investissement qui dépassent les coûts d'exploitation et les frais. *Winning the Loser's Game* (Gagner le jeu du perdant) révèle tout ce que vous devez savoir pour réduire les coûts, les frais et les impôts, et vous concentrer sur les stratégies à long terme qui vous conviennent.

Franc, court et très facile à lire, *Winning the Loser's Game* vous guide tout au long du processus de développement et de mise en œuvre d'une stratégie d'investissement puissante qui génère des bénéfices solides année après année. Dans cette nouvelle édition très attendue, Charles D. Ellis (consultant en investissement) met à profit le savoir-faire développé au cours de sa longue et illustre carrière. Cette édition mise à jour comprend :

- DE NOUVEAUX CHAPITRES sur l'investissement obligataire, comment le comportement des investisseurs affecte les rendements et comment la technologie et les mégadonnées remettent en question les décisions d'investissement traditionnelles;

- NOUVELLE RECHERCHE et preuves à l'appui de l'argumentation des opérations d'investissement;

- NOUVELLES PERSPECTIVES sur le rôle de la gouvernance, l'élaboration d'une stratégie d'épargne complète et le pouvoir de régression vers la moyenne. Les entreprises changent, et les marchés et les économies montent et descendent, parfois beaucoup.

Mais les principes de base d'un investissement réussi ne changent jamais et ne changeront jamais. C'est pourquoi, lorsque vous aurez lu ce livre, vous saurez tout ce que vous devez vraiment savoir pour réussir à investir.

Avec *Winning the Loser's Game*, vous avez tout ce dont vous avez besoin pour identifier vos objectifs d'investissement uniques, développer un programme d'investissement réaliste et puissant et obtenir des résultats supérieurs.

BENJAMIN GRAHAM
L'investisseur intelligent (nouvelle édition commentée) (2018)

Benjamin Graham, le plus grand financier du 20e siècle, a inspiré nombre d'investisseurs individuels et professionnels. Sa stratégie, l'investissement dans la valeur, permet de bâtir des stratégies de long terme et d'éviter des erreurs coûteuses.

Ce livre est une bible depuis sa première édition en 1949. Année après année, les soubresauts des marchés financiers ont démontré la sagesse et la pertinence des stratégies d'investissement de Graham.

Tout en préservant l'intégralité du texte original, cette édition révisée inclut des commentaires du journaliste financier **Jason Zweig**, mettant en perspective le texte avec l'actualité financière et des annotations de **Didier Coutton**, professeur de finance, pour éclairer le lecteur sur la façon d'appliquer les principes de Graham.

Ouvrage vital et indispensable, *L'investisseur intelligent* est le livre qui restera dans la mémoire des lecteurs et les accompagnera pour atteindre leurs objectifs financiers.

Benjamin Graham (1894-1976), père de l'investissement dans la valeur, a guidé de nombreux investisseurs. Il est aussi l'auteur de Security Analysis — Analyse et Évaluation Financières des Valeurs Mobilières et de L'Interprétation des États Financiers (Valor Editions). Graham enseigna à l'université de Columbia à New York. Francophile, il mourut en France, à Aix-en-Provence en 1976.

Jason Zweig écrit la colonne hebdomadaire "The intelligent investor" pour le Wall Street Journal. Précédemment rédacteur senior à Money, chroniqueur pour le magazine Time, et rédacteur senior chez Forbes, il écrit sur l'investissement depuis 1987.

MATHIEU GUILBAULT

80 stratégies en planification financière (2015)

Ce livre vous informera sur tout ce qu'on ne vous a jamais dit à propos de l'argent et sur la façon de l'optimiser au quotidien. Ne vous trompez pas, cet ouvrage n'est pas une diète financière et ne vise pas à vous priver coûte que coûte. Vous pourrez continuer à vous payer un café et d'autres gâteries, ne vous inquiétez pas.

Depuis que vous êtes petit, vous côtoyez l'argent, mais vous n'avez jamais vraiment compris pourquoi il vous en reste toujours moins que prévu. Peu importe que vous gagniez 20 000 $ ou 100 000 $, les tentations de le dépenser sont grandes, n'est-ce pas ?

Grâce à 80 stratégies en planification financière, vous découvrirez si vous avez tendance à prendre des décisions qui optimisent votre situation ou si, au contraire, vous avez acquis de mauvais réflexes. Dans ce dernier cas, vous apprendrez à faire autrement en développant une nouvelle relation à l'argent et en adoptant des stratégies utiles.

Voici un livre essentiel à toute personne qui souhaite mieux gérer son argent afin d'en conserver davantage dans ses poches!

Mathieu Guilbault est planificateur financier et travaille dans des institutions financières depuis 2001. Il est l'auteur du livre 80 stratégies en planification financière et blogueur sur MonPF.ca. Diplômé de l'Université Laval en planification financière et de l'Institut québécois de planification financière (IQPF), il détient également un diplôme de deuxième cycle en fiscalité de l'Université McGill, ainsi qu'un baccalauréat en commerce avec mention d'honneur en finance de la John Molson School of Business de l'Université Concordia. Il est membre de l'Association de planification fiscale et financière (APFF) et affilié de l'IQPF.

BERTRAND LAROCQUE ET MARC ST-PIERRE
Du porte-monnaie au portefeuille (2021)

Ce guide propose 45 conseils éprouvés pour faire grandir l'investisseur qui sommeille en vous et vous permettre de garder le contrôle sur votre vie et vos ressources. Pratique et bien construit, il aborde un à un tous les sujets qu'il faut connaître et comprendre, sans parti pris ni recommandations hasardeuses. On y apprend, entre autres, à définir ses objectifs, à choisir le bon conseiller et à s'appuyer sur des bases solides afin de se doter d'un portefeuille stratégiquement garni pour faire face à l'avenir.

Respectivement planificateur financier et gestionnaire de portefeuille, Bertrand Larocque et Marc St-Pierre jouissent d'une longue expérience dans l'univers des placements. Au fil de leurs carrières, ils ont acquis et mis à l'épreuve les principes universels de l'indépendance financière et de la prospérité, qu'ils partagent dans ce premier ouvrage.

Penser à épargner et planifier votre avenir financier vous décourage ou vous angoisse? Vous avez l'impression de manquer d'informations claires et objectives pour gérer sainement votre argent? Rassurez-vous, ce livre a été conçu précisément pour accompagner celles et ceux qui ont décidé d'agir, de mettre leur capital au travail et d'en tirer profit.

GUY LE BLANC & PHILIPPE LE BLANC

La Bourse ou la vie, les secrets d'un investisseur (5e édition) (2012)

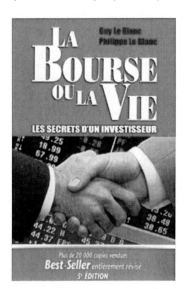

Ce livre renferme une foule de vérités de base et de trucs du métier, aussi utiles pour l'investisseur qui commence que pour le gestionnaire de carrière et qu'on a trop souvent tendance à oublier. - **Claude Dalphond**, Administrateur de sociétés

Gestionnaire, mais d'abord investisseur, Guy Le Blanc est un inconditionnel de la Bourse. Sous le titre *La Bourse ou la vie, les secrets d'un investisseur*, il livre son expérience incluant non seulement ses bons coups, mais ses erreurs. - **Louis Tanguay**, Journaliste – économie, Le Soleil.

La Bourse ou la vie est un peu l'aboutissement de la chronique "Analysez avant d'acheter" que Guy Le Blanc a rédigée il y a une dizaine d'années au Journal Les Affaires et qui a connu un grand succès. À l'aide d'exemples, d'anecdotes, de grands coups et d'erreurs, Guy Le Blanc révèle ses secrets d'investisseur. Je le recommande au débutant autant qu'au professionnel. - **Jean-Paul Gagné**, Éditeur, Journal Les Affaires

Guy Le Blanc révèle dans ce livre sa passion pour le placement et dévoile le secret de son succès boursier: soumettre ses décisions d'investissement au test d'une rationalité méthodique. Son système d'évaluation COTE 100 est un outil d'analyse de titres boursiers qui fait ses preuves depuis 1988.

Guy Le Blanc est diplômé en finance au HEC Montréal et Gouverneur au HEC Montréal. Il a été chroniqueur au journal Les Affaires. Le Blanc est le fondateur de COTE 100 et le créateur du système COTE 100. Son livre La Bourse ou la vie, les secrets d'un investisseur est un best-seller vendu à plus de 20 000 copies.

PETER LYNCH
Et si vous en saviez assez pour gagner en Bourse... (1999)

Peter Lynch est vice-président de Fidelity Management & Research Company - la branche de Fidelity Investments spécialisée dans le conseil en investissement - et membre du conseil d'administration des fonds Fidelity. Il a été gestionnaire de portefeuille du Fidelity Magellan Fund, qui a été le fonds le plus performant au monde sous sa direction de mai 1977 à mai 1990. Il est le co-auteur du best-seller Beating the Street and Learn to Earn, un guide pour débutants sur les bases de l'investissement et des affaires. Il vit dans la région de Boston.

N'allez pas croire que pour gagner en Bourse, il faut maîtriser des techniques incroyablement complexes ou avoir percé les mystères des martingales les plus astucieuses.

Peter Lynch, qui manie l'humour avec un rare à-propos, est fermement convaincu que l'amateur a plus de chances de gagner qu'un expert des marchés. Il suffit de regarder autour de vous et d'appliquer à la Bourse les mêmes règles de bon sens que dans la vie de tous les jours pour choisir les actions qui vont voir leurs cours décupler.

Écrit "à l'américaine", dans un style simple et imagé, le livre de Peter Lynch va vous faire découvrir la Bourse comme vous ne l'avez jamais imaginée.

FABIEN MAJOR
Petits secrets et gros mensonges de votre banquier (2017)

Fabien Major jette un nouvel éclairage sur la gestion de nos finances personnelles. Il offre un point de vue de l'intérieur sur tout ce qu'on s'efforce de nous vendre, directement ou à notre insu. Car c'est bien de vente qu'il s'agit : pour satisfaire leurs actionnaires et grossir les primes de leurs dirigeants, les banques demandent à leurs employés d'atteindre des quotas souvent irréalistes, et ont recours à des pratiques très discutables – et parfois, carrément illicites. Mais, si l'on ne peut pas se fier aux conseils de son banquier, où placer et comment gérer son argent?

Ce livre révèle toutes les ruses des institutions bancaires et donne des clés au lecteur pour protéger et faire fructifier son capital en évitant les pièges. Des exemples concrets et des mises en situation l'aideront à reconnaître les signes d'une possible duperie et, surtout, à faire respecter ses droits.

Fabien Major est conseiller financier autonome depuis plus de 20 ans et chroniqueur financier au Journal de Montréal et au Journal de Québec. Il collabore avec diverses publications et médias canadiens, dont RDI, TVA, le 98,5 FM, FM 93 Québec et le journal Les Affaires.

Les banques ne sont pas là pour faire la charité, on s'en doute bien. Mais ce qui est moins connu, c'est qu'elles ne sont pas tenues de favoriser le meilleur intérêt de leurs clients. La raison est simple : les bénéfices des banquiers passent d'abord. On donne souvent en exemple les banques canadiennes pour leur solidité, mais qu'en est-il de la qualité de leurs produits et services ?

La finance canadienne est concentrée entre les mains d'une poignée d'institutions : au cours des dernières décennies, des centaines de cabinets, de trusts et de sociétés d'investissements se sont fait avaler et ont contribué à enrichir les grandes banques. Et, contredisant les promesses de nombreux politiciens, les frais financiers des particuliers n'ont pas diminué. Au contraire : ils ne cessent de grossir.

PIERRE-YVES McSWEEN
En as-tu vraiment besoin? (2016)

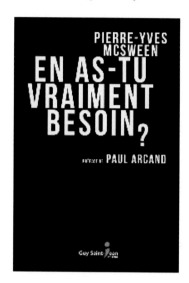

En as-tu besoin? En as-tu vraiment besoin? Dans cet ouvrage capital où le chroniqueur affaires et économie de **Paul Arcand** passe dans son tordeur une quarantaine de sujets avec perspicacité et humour, cette question toute simple invite à revoir toutes les décisions qui ont un effet direct sur notre compte de banque.

Au Québec, l'analphabétisme financier et la consommation à outrance influent négativement sur l'existence de chacun. Pour aider à voir les choses d'un œil neuf, *En as-tu vraiment besoin?* place un miroir réaliste devant nos choix de vie et leurs conséquences. L'auteur y remet en question notre façon de dépenser et insiste sur la nécessité de se construire une marge de manœuvre financière.

Cette lecture ne laissera personne indifférent. Pierre-Yves McSween parle d'argent sans filtre et sans tabou, comme on ne l'a jamais fait auparavant dans un livre sur le sujet. Il propose de brillants mécanismes d'autodéfense contre la société de consommation et la naïveté financière. Avec deux grands objectifs en tête : définir le comportement d'un citoyen responsable financièrement; puis, donner au lecteur, enfin, un peu plus de cette liberté dont il a vraiment, tellement, carrément besoin.

Pierre-Yves McSween est comptable professionnel agréé (MBA, CPA auditeur, CA). Chroniqueur affaires et économie au 98,5 FM (Cogeco), il est aussi collaborateur à La Presse, blogueur à Voir.ca et professeur d'administration au Cégep régional de Lanaudière à L'Assomption.

PIERRE-YVES McSWEEN
Liberté 45 (2020)

La liberté financière dès 45 ans, c'est le but que tout jeune adulte doit viser, soutient le vulgarisateur économique le plus en vue du Québec. Mais attention, «liberté financière» ne signifie pas être riche… Ça veut juste dire: l'être assez pour se payer une vie plus facile et, surtout, plus riche de sens. Une vie où on n'est pas à la merci des factures mensuelles qu'on aime tant s'imposer!

Pour atteindre cet objectif ambitieux, tu ne peux pas faire les choses comme tout le monde. Il te faut un plan. Tu dois préciser tes choix d'avenir. Appliquer avec discipline trois règles incontournables qui t'aideront à accumuler le plus rapidement possible un capital substantiel. Et profiter des nombreuses curiosités de l'impôt.

Dans ce livre destiné aux jeunes mais où chacun trouvera matière à améliorer son sort, Pierre-Yves McSween, sur le ton mordant qu'on lui connaît, nous incite à choisir notre camp : ceux qui rameront pendant des décennies pour rattraper le passé ou ceux qui n'auront plus à se soucier de leur futur. Encore une fois, il met les rênes de notre destin entre nos mains.

Pierre-Yves McSween est comptable professionnel agréé (MBA, CPA auditeur, CA). Chroniqueur affaires et économie au 98,5 FM (Cogeco), il est aussi collaborateur à La Presse, blogueur à Voir.ca et professeur d'administration au Cégep régional de Lanaudière à L'Assomption.

PIERRE-YVES McSWEEN & PAUL-ANTOINE JETTÉ
La facture amoureuse
(2022)

Après *En as-tu vraiment besoin?* et *Liberté 45* dont les ventes au Québec dépassent au total les 350 000 exemplaires, Pierre-Yves McSween fait équipe avec Paul-Antoine Jetté, un autre CPA, pour parler du tabou ultime des relations amoureuses : l'argent dans le couple.

Avec un angle financier, fiscal, mais surtout humain, le duo aborde sans ménagement les sujets délicats qui colorent la relation amoureuse. Un homme (et une femme) averti(e) en valent combien déjà au total?

Pierre-Yves McSween est comptable professionnel agréé (MBA, CPA auditeur, CA). Chroniqueur affaires et économie au 98,5 FM (Cogeco), il est aussi collaborateur à La Presse, blogueur à Voir.ca et professeur d'administration au Cégep régional de Lanaudière à L'Assomption.

Paul-Antoine Jetté, MBA, CPA, CA a travaillé au sein de différentes institutions financières avant de devenir coordonnateur et enseignant au niveau collégial. Collaborateur, bff, complice et «voix de la raison» de Pierre-Yves McSween, il est aujourd'hui rédacteur en chef – économie à L'Indice McSween diffusé à Télé-Québec.

BERNARD MOONEY
Investir à la Bourse et s'enrichir (2020)

Un outil indispensable pour tous les investisseurs Quels sont les avantages à être un petit investisseur? Comment reconnaître les sociétés qui vous permettront de vous enrichir? Comment évaluer leurs perspectives de croissance? Quand et à quel prix faut-il acheter les titres à fort potentiel de hausse? Et à quel moment les vendre? Vaut-il mieux diversifier ou, au contraire, concentrer ses investissements? Finalement, quels sont les pièges à éviter? Ce livre répond à toutes ces questions, et à d'autres encore.

Depuis 20 ans, *Investir à la Bourse et s'enrichir* sert de guide à des milliers d'investisseurs, au point d'être devenu un classique boursier au Québec. Le revoici aujourd'hui enrichi d'un avant-propos où l'auteur partage de nouveaux et précieux conseils. Après cette lecture, vous saurez exactement comment faire de l'argent en Bourse!

Bernard Mooney, un natif de Québec, a étudié les communications et le management à l'Université Laval. Il suit le marché boursier au début des années 1980 et cet intérêt devient une passion. Il travaille au journal Les Affaires de 1986 à 1997, d'abord comme journaliste financier puis comme directeur de la section « Investir », à compter de 1987. Il est commentateur hebdomadaire à l'émission de télévision Capital-Actions au Réseau de l'information (RDI).

En janvier 1997, il devient analyste financier et gestionnaire de portefeuilles dans une firme de fonds communs de la région de Montréal. D'août 2000 à mai 2002, il est rédacteur en chef du site internet Webfin.com. Il revient au journal Les Affaires en mai 2002 à titre de directeur de la section « Investir ». Depuis septembre 2008, il est chroniqueur au journal. Il est l'auteur de Investir en Bourse et s'enrichir, paru en 2001 aux Éditions Quebecor, un livre qui s'est vendu à plus de 4 000 exemplaires.

OLIVIER MOREL

365 conseils pour s'enrichir : gagner plus et mieux placer son argent (2019)

Le livre sur les finances personnelles, qui réunit les astuces et conseils des meilleurs experts et investisseurs.

Ce livre s'adresse à tous ceux qui souhaitent mieux gérer, mieux placer leur argent, et gagner plus. Il réunit 365 conseils, issus de l'expérience de conseillers en gestion de patrimoine, d'investisseurs en bourse ou en immobilier, de blogueurs experts, pour recueillir le meilleur des bonnes idées et pratiques des placements, de l'investissement et de la génération de revenus passifs.

Les conseils sont réunis par grandes thématiques, couvrant tous les sujets de l'argent et des finances personnelles et présentant les méthodes des meilleurs, pour réussir : l'état d'esprit à adopter et les règles d'or ; l'investissement en bourse, en immobilier, le trading ; l'assurance-vie, les placements rares ou exotiques. Mais aussi la fiscalité, le crédit et l'endettement, "devenir rentier" et les revenus passifs, et la gestion de son budget.

Le livre invite aussi in fine à réfléchir à la place de l'argent dans sa vie.

Grâce à ces 365 conseils, ce livre constitue une formation de haut niveau pour gérer ses finances personnelles et être ambitieux avec son patrimoine, au contact des meilleurs. Que ce soit pour mieux gérer votre budget, pour démarrer un PEA, ou pour gérer votre patrimoine du mieux possible, ce guide est un outil qui apporte beaucoup de valeur.

Olivier Morel est un investisseur et blogueur. Il a réuni les meilleurs conseils de plus de 25 experts et investisseurs.

JEAN-SÉBASTIEN PILOTTE

La retraite à 40 ans (2020)

Inspiré par la stratégie FIRE (Financial Independence, Retire Early), j'ai moi-même pris ma retraite à 39 ans, sans gagner à la loterie et en dépit d'un salaire moyen. Déjouer le système pour atteindre la liberté financière, même en temps de pandémie, ça vous tente? Ce livre résume comment j'y suis arrivé et comment vous pouvez aussi y parvenir.

Mon nom est Jean-Sébastien Pilotte. Je suis un Montréalais de 43 ans et je suis retraité. Dans mon blogue (jeuneretraite.ca), j'aborde mes différentes passions, le voyage minimaliste, le démarrage d'entreprise, le marketing et l'argent.

Une fois passé le cap de la quarantaine, travailler devient facultatif pour la plupart des Québécois. Quoi, vous n'étiez pas au courant? En fait, il s'agit du secret le mieux gardé de notre système économique : la surconsommation et l'analphabétisme financier nous maintiennent artificiellement prisonniers du métro-boulot-dodo.

J'aime l'argent non pas pour le matériel qu'il me permet d'acheter, mais plutôt pour la liberté qu'il me permet d'atteindre. En fait, je n'ai pas réellement d'aspiration matérielle. Je veux simplement être libre de vivre pleinement. C'est-à-dire, posséder le moins possible de matériel à entretenir (maison, jardin, piscine, auto, chalet) et avoir le plus possible de temps pour vivre des expériences vivifiantes (voyages, spectacles, projets personnels, rencontres avec des amis, sport, temps de qualité en famille).

MICHEL VILLA
Pile et Face : Combiner raison et émotion pour réussir en Bourse (2019)

Ce livre a capté votre attention!

Mais vous hésitez… vous pourriez tirer à pile ou face…

Avant de sortir votre 25 sous chanceux, lisez ces trois affirmations. Si vous vous reconnaissez, plus de doute, ce livre est pour vous!

J'ai une base ou de bonnes connaissances, sans être un expert, de la Bourse.

J'aime la combinaison entre théorie et conseils pratiques.

Je crois que l'étude du comportement humain est un facteur clé de succès à la Bourse.

Ce livre vous aidera à connaître les principes de base pour mieux naviguer dans les marchés boursiers (le savoir). Il vous apprendra certains comportements pour parvenir à une meilleure gestion de soi (le savoir-être). Finalement, il vous permettra de découvrir mes règles d'or pour réussir en Bourse.

Qui est Michel Villa? « En 2012, je décroche l'emploi de mes rêves : gérer l'argent d'une grande institution financière. J'ai le mandat de générer des profits grâce à des transactions boursières effectuées sur les marchés canadien et américain. Or, le 31 juillet 2014, c'est le choc. Pour la première fois de ma vie, je suis remercié. Malgré ma formation, mon expérience de travail, la mise à jour continuelle de mes connaissances et mon dévouement, l'entreprise met un terme à mon contrat. Que s'est-il passé?

Avec le recul, cette expérience m'a permis de prendre conscience d'une chose essentielle. Malgré mon savoir, je devais développer mon savoir-être pour devenir un meilleur professionnel de la finance. Malheureusement, peu de formations boursières s'intéressent à cet aspect crucial au Québec. Un an plus tard, j'ai saisi l'occasion en devenant formateur, conférencier et chroniqueur boursier. Pour y parvenir, j'ai consacré de nombreuses heures à l'amélioration de mon savoir-être. »

COLLECTIF
99 trucs pour s'enrichir
– Nouvelle édition
(2018)

Forts du succès de la première édition, les chroniqueurs experts de la chronique « Dans vos poches? » du Journal de Montréal récidivent. Écrit dans une langue claire et accessible, ce guide, avec plus 50 % de nouveaux contenus, offre de nombreux conseils et démystifie les différents aspects financiers de la vie à l'aide d'exemples actuels, concrets et parlants. Pour ceux qui connaîtront ces 99 trucs, le budget familial, les placements ou l'impôt seront bien moins intimidants!

Balados

PIERRE-YVES McSWEEN
*Fringe Show,
Épisode 8 : Finances,
investissements, réseaux
sociaux* (2020)

Podcast bilingue animé par **YouTube Ced**, le Fringe Show est une conversation ouverte sur la vie, le succès, les finances, la créativité et l'entrepreneuriat avec des invités variés!

Auteur de *En as-tu vraiment besoin?* et *Liberté 45*, comptable et chroniqueur, Pierre-Yves McSween est venu discuter des réseaux sociaux, des finances personnelles, d'investissement et des sujets abordés dans ses livres.

FABIEN MAJOR
Le Planif

Le planificateur financier et chroniqueur Fabien Major est le concepteur et animateur du balado « Le Planif ». Créé en 2019, il s'agit du premier balado canadien francophone consacré à la planification financière.

En compagnie d'experts triés sur le volet, Fabien Major échange sur la gestion de portefeuille, les assurances et gestion des risques, le budget, les impôts, la retraite, l'administration d'entreprise, les successions, les aspects légaux et bien d'autres.

Dans un langage clair, vous apprendrez comment mieux organiser et planifier vos finances personnelles.

PIERRE COUTURE
CA$HMIRE

Le balado de Pierre Couture parle du monde des affaires, de l'économie, de la finance, de la consommation et de l'entrepreneuriat depuis 2019.

Pierre Couture est un chroniqueur et journaliste économique chevronné avec plus de 5 000 articles à son actif, ayant travaillé dans plusieurs médias dont Le Journal de Québec, Le Journal de Montréal, Le Soleil et QUB Radio. Il est chroniqueur économique à CHOI 98,1.

ALEXANDRE DEMERS
Finance 360

On parle d'argent, de business et d'investissement en Bourse. Alexandre Demers, président de **Traders360**, traite dans son balado de plusieurs aspects de l'investissement. En abordant l'investissement en Bourse sous l'angle de la négociation boursière, ce balado vous permettra de mieux comprendre un monde, celui de la Bourse, qui peut sembler pour certains un peu abstrait, mais surtout effrayant. En vous informant plus, vous pourrez prendre de meilleures décisions.

Bien qu'il traite principalement d'investissement, Alex Demers n'hésite pas à répondre à des questions du public sur les finances personnelles, sur des éléments d'actualités et autres.

XAVIER DELMAS
Zonebourse – L'art d'investir

Le balado de référence de la formation pédagogique sur la bourse et la finance, proposé chaque semaine depuis 2019 par Zonebourse et présenté par Xavier Delmas.

YANN DARWIN
Business en Bagnole!

Immobilier, finances, investissements, business, mindset, évolution personnelle, placements alternatifs... Attache ta ceinture, bienvenue dans *Business en Bagnole*.

MANUEL RAVIER & MICKAEL ZONTA

Le podcast de l'investissement locatif

Mickael Zonta et Manuel Ravier sont investisseurs immobilier et entrepreneurs. Spécialistes de l'investissement immobilier dans l'ancien. Leur passion? Dénicher des appartements à rénover... et en faire des coups de cœur qui s'arrachent sur le marché.

BRADEN DENNIS & SIMON BELANGER
The Canadian Investor

En anglais

Le podcast pour les investisseurs canadiens.

Manufactured by Amazon.ca
Acheson, AB

12715447R00057